BRUCE WILLIS

Guide de voyage en Turquie 2024

Découvrez des merveilles anciennes, des cultures vibrantes et des paysages à couper le souffle.

Copyright © 2023 by Bruce Willis

All rights reserved. No part of this publication may be reproduced, stored or transmitted in any form or by any means, electronic, mechanical, photocopying, recording, scanning, or otherwise without written permission from the publisher. It is illegal to copy this book, post it to a website, or distribute it by any other means without permission.

First edition

This book was professionally typeset on Reedsy. Find out more at reedsy.com

Contents

1 Introduction à la Turquie — 1
  1.1 Bienvenue en Turquie — 1
  1.2 Géographie et climats de la Turquie — 3
  1.3 Brève histoire et contexte culturel de la Turquie — 6

2 Information essentielle pour voyager — 9
  2.1 Visa et conditions d'entrée pour la Turquie — 9
  2.2 Monnaie et argent en Turquie — 12
  2.3 Langue et communication — 15
  2.4 Conseils pour le bien-être et la sécurité — 18
  2.5 Options de transport — 22

3 Istanbul: La porte de l'Orient et de l'Occident — 26
  3.1 Exploration de Sultanahmet historique — 26
  3.2 Le Grand Bazar et le marché aux épices — 29
  3.3 Croisières sur le Bosphore et le côté asiatique : Un voyage à travers les continents — 31
  3.4 Merveilles modernes d'Istanbul : Une ville de merveilles contemporaines — 34

4 Captivante Cappadoce — 37
  4.1 Révélation des cheminées féériques — 37
  4.2 Balades en montgolfière en Turquie — 39
  4.3 Exploration des anciennes communautés souterraines urbaines — 41
  4.4 Randonnée et aventures en plein air — 44

5 Délices méditerranéens : Antalya et la
Côte Turquoise 47
  5.1 Plages éblouissantes et eaux cristallines 47
  5.2 Explorer les villes historiques d'Antalya 49
  5.3 Lycian Way : Un paradis pour les
  voyageurs en Turquie 52
  5.4 La fraîcheur thermale de Pamukkale 54
6 Merveilles antiques d'Éphèse et de Pamukkale 58
  6.1 Exploration des ruines d'Éphèse 58
  6.2 Hierapolis et le Château de coton 61
  6.3 Pamukkale : La beauté immaculée
  du Château de coton 63
7 Le Voyage Turquoise : Bodrum et la Côte Égéenne ... 66
  7.1. Le Château et la Marina de Bodrum 66
  7.2. Les Plages et Baies de la Péninsule de Bodrum ... 67
  7.3. Ruines antiques grecques : Didymes
  et Priène 68
  7.4. Croisière sur la Côte Turquoise 69
8 Gems Culturels : Ankara, Konya, et Au-delà 71
  8.1. La Capitale : Ankara 71
  8.2. Mausolée d'Atatürk 72
  8.3. Musée de Mevlana et Derviches Tourneurs ... 72
  8.4. Découvrir les Chuchotements de
  l'Anatolie Centrale 73
9 Mystères Orientaux : Les Voisins de Cappadoce ... 75
  9.1. L'énigmatique Mont Nemrut 75
  9.2. Anciennes Ruines de Hattusa 76
  9.3. Göbekli Tepe : Le plus ancien
  temple au monde 77
  9.4. Découvrez le riche patrimoine de
  l'Est de la Turquie 78

10 Au-delà du continent : îles turques et échappées côtières	80
10.1. Paradis idyllique : îles des Princes	80
10.2. Trésors cachés, mais inestimables de la péninsule de Bodrum	81
10.3. Perles Côtières : Fethiye et Kas	81
10.4. Explorer les Diverses Îles Turques	82
11 Gastronomie Turque et Aventures Culinaire	84
11.1. Délicieux Loukoums Turcs	84
11.2. Plats Emblématiques et Spécialités Régionales	85
11.3. Culture Traditionnelle du Thé et du Café	86
11.4. Ateliers Culinaires et Marchés Alimentaires	86
12 Conseils pratiques pour un voyage mémorable	88
12.1. Meilleure période pour visiter la Turquie	88
12.2. Considérations culturelles	89

1

Introduction à la Turquie

1.1 Bienvenue en Turquie

La Turquie, un captivant mélange d'Orient et d'Occident, vous séduit par son riche passé historique, ses paysages époustouflants, sa culture vibrante et sa chaleureuse hospitalité. En posant le pied dans ce charmant pays, préparez-vous à entreprendre un voyage remarquable qui vous laissera émerveillé et désireux d'en découvrir davantage.

Traversant géographiquement deux continents, la Turquie est un carrefour exceptionnel où l'Europe rencontre l'Asie, créant une mosaïque d'influences diverses qui façonnent son identité. Depuis la trépidante ville d'Istanbul, connue comme la porte de l'Orient et de l'Occident, jusqu'aux anciennes ruines d'Éphèse et aux paysages oniriques de Cappadoce, la Turquie offre un trésor de trésors prêts à être découverts.

Immergez-vous dans les rues animées d'Istanbul, où les minarets percent l'horizon et où les parfums d'épices embaument l'air. Émerveillez-vous devant les merveilles architecturales de Sainte-Sophie et de la Mosquée Bleue, et explorez les ruelles tortueuses du Grand Bazar, où des trésors allant des tapis à la poterie attendent votre examen.

Aventurez-vous au cœur de l'Anatolie et laissez-vous envoûter par les paysages puissants de la Cappadoce, où les cheminées de fées et les habitations troglodytiques vous transportent dans un royaume féerique. Prenez un vol en montgolfière magique à l'aube, survolant les formations rocheuses étranges et vivant un moment de pure tranquillité.

Le long de la magnifique côte turquoise, découvrez les plages idylliques et les eaux cristallines d'Antalya, un refuge pour les amateurs de soleil et les passionnés d'histoire. Explorez les anciennes ruines d'Éphèse, où la splendeur du passé prend vie, ou profitez d'un moment de détente dans les sources chaudes de Pamukkale.

En parcourant le pays, chaque région dévoile son charme et son attrait uniques. De la ville mystique de Konya, avec son riche patrimoine et ses derviches tourneurs envoûtants, à la côte égéenne animée, où la marina dynamique de Bodrum et les anciennes ruines grecques vous attendent, la Turquie offre une diversité d'expériences qui marqueront à jamais votre esprit.

Pourtant, la Turquie ne se résume pas seulement à ses merveilles historiques. C'est un paradis culinaire où les parfums envoûtants et les saveurs de la cuisine turque vous invitent à vivre une expérience gastronomique. Des délicieux kebabs et mezzés parfumés, aux délices du baklava et du thé turc traditionnel, préparez vos papilles pour un voyage merveilleux à travers le riche héritage culinaire du pays.

Avec ses habitants accueillants, ses paysages époustouflants et un trésor de merveilles culturelles, la Turquie vous promet une expérience de voyage exceptionnelle. Que vous vous promeniez parmi les vestiges anciens, naviguiez le long des côtes magnifiques ou savouriez les plaisirs de la cuisine turque, chaque instant passé en Turquie est une démonstration du charme intemporel du pays.

Bienvenue donc en Turquie, où le passé et le présent coexistent harmonieusement, et chaque pas révèle une nouvelle histoire prête à être racontée. Préparez-vous à créer des souvenirs qui dureront toute une vie alors que vous vous lancez dans une aventure unique à travers ce pays envoûtant.

1.2 Géographie et climats de la Turquie

Nichée au carrefour de l'Europe et de l'Asie, la Turquie offre une géographie variée et éblouissante qui englobe des montagnes imposantes, des côtes époustouflantes, des vallées fertiles et des plateaux antiques. Sa situation exceptionnelle lui confère un climat diversifié, avec des différences régionales marquées qui contribuent au charme du pays.

S'étendant de l'océan Noir au nord à la mer Méditerranée au sud, et de la mer Égée à l'ouest aux frontières de l'Iran et de la Géorgie à l'est, la Turquie est une terre de grande beauté naturelle et de contrastes géographiques.

Au nord, les montagnes Pontiques et les riches forêts verdoyantes de la région de la mer Noire dominent le paysage. Cette région reçoit des précipitations abondantes tout au long de l'année, ce qui en fait une terre verdoyante et fertile. C'est un paradis pour les amoureux de la nature, avec des cascades étonnantes, des rivières sinueuses et des plantations de thé parsemant la campagne pittoresque.

En descendant vers le sud, la plaine anatolienne centrale s'étend, une vaste étendue de collines vallonnées, de steppes et d'anciennes formations volcaniques. Connue comme le cœur de la Turquie, cette région offre un aperçu du riche passé du pays, avec les vestiges des anciennes civilisations dispersés à travers le territoire. Le climat ici se caractérise par des étés chauds et secs, contrastant avec des hivers froids et enneigés.

À l'ouest se trouve la région égéenne, célèbre pour ses côtes azurées, ses îles pittoresques et ses villes antiques. Le paysage est ici un patchwork d'oliveraies, de vignobles et de plages dorées, créant un paradis méditerranéen. La région égéenne bénéficie d'un climat doux, avec des étés chauds et des hivers doux, en faisant une destination idéale pour les amateurs de soleil et les passionnés de plage.

La côte sud, également appelée la côte turquoise, est un paradis ensoleillé qui attire les visiteurs avec ses plages immaculées, ses criques cachées et ses eaux turquoise. Avec son climat méditerranéen, caractérisé par des étés chauds et secs et des hivers doux et humides, cette région offre une retraite idéale pour ceux qui recherchent des vacances en bord de mer ou une expérience de croisière le long de la superbe côte.

La partie orientale de la Turquie est marquée par la présence imposante des montagnes du Taurus et de l'immense plateau anatolien. Ce territoire accidenté et montagneux abrite des paysages spectaculaires, des gorges profondes et des sommets vertigineux, dont le mont Ararat, l'incroyable lieu de repos de l'arche de Noé. Le climat ici varie du continental au semi-aride, avec des hivers froids et rigoureux et des étés chauds et secs.

La géographie et le climat diversifiés de la Turquie offrent de nombreuses opportunités pour les activités de plein air et les expériences. Que vous fassiez de la randonnée sur des sentiers pittoresques, que vous skiez sur des montagnes enneigées, que vous exploriez des ruines antiques ou que vous vous détendiez sur des plages baignées de soleil, la Turquie offre de nombreuses possibilités pour satisfaire les envies de chaque voyageur.

Ainsi, que vous cherchiez l'aventure en montagne, la tranquillité en bord de mer ou un voyage à travers l'histoire, les diversités géographiques et climatiques de la Turquie garantissent qu'il y en a pour tous les goûts. Préparez-vous à être captivé par les merveilles naturelles qui ornent cette région étonnante, et laissez les paysages et les environnements changeants de la Turquie marquer à jamais vos souvenirs de voyage.

1.3 Brève histoire et contexte culturel de la Turquie

L'histoire de la Turquie s'étend sur des millénaires, et son riche héritage culturel est une mosaïque tissée avec des influences des anciennes civilisations, des empires et des cultures différentes. Des Hittites anciens à l'Empire byzantin, des Turcs ottomans à la République moderne, la Turquie a été le témoin de l'ascension et de la chute d'empires puissants et a joué un rôle essentiel dans l'histoire du monde.

Civilisations anciennes :

Les racines historiques de la Turquie remontent aux plus anciennes civilisations connues. Les Hittites, une ancienne civilisation anatolienne, ont établi l'un des premiers grands empires de la région vers 1600 av. J.-C. Leur capitale, Hattusa, aujourd'hui connue sous le nom de Boğazkale, présente d'impressionnantes ruines et des artefacts anciens.

Les périodes grecque et romaine ont également laissé une empreinte durable sur la région. Les anciennes colonies grecques comme Éphèse, Troie et Pergame ont prospéré, laissant derrière elles des ruines remarquables qui attirent les visiteurs jusqu'à aujourd'hui. Les Romains ont ensuite conquis l'Anatolie, intégrant leur culture et leur architecture dans la région.

Empires byzantin et ottoman :

L'Empire byzantin, avec sa capitale à Constantinople (l'actuelle Istanbul), est devenu un puissant empire chrétien après la chute de l'Empire romain. L'art et l'architecture byzantins, en particulier illustrés par l'emblématique Sainte-Sophie, reflètent cette période de l'histoire.

Au XIIIe siècle, les Turcs seldjoukides ont commencé à dominer l'Anatolie, entraînant l'ascension de l'Empire ottoman. Sous la direction du sultan Mehmed II, les Ottomans ont conquis Constantinople en 1453, marquant la fin de l'Empire byzantin et le début d'une nouvelle ère. L'Empire ottoman a étendu ses territoires, atteignant son apogée aux XVIe et XVIIe siècles, et est devenu une puissance majeure de la région.

Pendant la période ottomane, la culture islamique a joué un rôle significatif dans la formation de l'identité turque. Les magnifiques mosquées, les carreaux d'art complexes et l'architecture ottomane emblématique sont devenus des symboles de l'empire. Le palais de Topkapi à Istanbul, la Mosquée bleue et la Mosquée Süleymaniye sont des témoignages de ce riche héritage.

République moderne de Turquie :
L'effondrement de l'Empire ottoman après la Première Guerre mondiale a conduit à la fondation de la République de Turquie en 1923 sous la direction de Mustafa Kemal Atatürk. Atatürk a initié une série de réformes visant à moderniser et laïciser le pays, y compris l'adoption de l'alphabet latin, les droits des femmes et la séparation de la religion et de l'État.

Aujourd'hui, la Turquie est une nation dynamique et vivante qui harmonise la modernité avec son riche héritage historique. La culture turque est un captivant mélange d'influences orientales et occidentales, reflétant sa situation géographique qui s'étend sur deux continents. Les arts traditionnels tels que le tissage de tapis, la calligraphie et la céramique prospèrent aux côtés de l'art contemporain, de la musique et de la littérature.

L'hospitalité et la chaleur sont profondément ancrées dans la culture turque, les habitants étant connus pour leur sincère amabilité et leur capacité à accueillir chaleureusement les visiteurs. La cuisine turque traditionnelle, réputée pour ses saveurs et sa variété, séduit les papilles avec des plats tels que les kebabs, le baklava et le thé turc traditionnel.

La diversité religieuse est une autre caractéristique importante de la culture turque. Bien que l

2

Information essentielle pour voyager

2.1 Visa et conditions d'entrée pour la Turquie

Lors de l'organisation d'un voyage en Turquie, il est essentiel de comprendre les exigences en matière de visa et d'entrée pour garantir une expérience de voyage fluide et sans tracas. Les exigences peuvent varier en fonction de votre nationalité, de la raison et de la durée de votre visite, ainsi que du type de visa que vous souhaitez. Ce chapitre complet vous fournira des informations détaillées pour vous aider à naviguer dans le processus de demande de visa.

Exemptions de visa :

Certains voyageurs sont exemptés de visa pour entrer en Turquie. Les ressortissants de certains pays peuvent entrer en Turquie sans visa ou obtenir un visa à leur arrivée pour des durées spécifiques. Ces exemptions de visa sont sujettes à des changements futurs, il est donc important de vérifier les informations les plus récentes sur le site officiel du Ministère turc des Affaires étrangères ou de consulter votre ambassade ou consulat turc local.

e-Visa :

Pour certains ressortissants, l'obtention d'un e-Visa est le moyen le plus pratique d'entrer en Turquie. L'e-Visa peut être obtenu en ligne avant votre voyage sur le site officiel du Ministère turc des Affaires étrangères ou auprès de prestataires de services de visa en ligne agréés. Il est essentiel de demander l'e-Visa à l'avance pour permettre un délai de traitement suffisant. L'e-Visa est valable pour le tourisme, les affaires et les voyages et permet un séjour allant jusqu'à 90 jours sur une période de 180 jours. Il est important d'imprimer une copie de l'e-Visa ou d'avoir une version électronique disponible à présenter à votre arrivée.

Visa à l'arrivée :

Dans certains cas, les voyageurs peuvent être éligibles pour obtenir un visa à leur arrivée dans les aéroports turcs ou aux postes frontaliers. Cependant, cette option n'est pas disponible pour toutes les nationalités, il est donc important de vérifier si elle s'applique à votre pays. Le visa à l'arrivée permet un séjour de 30 ou 90 jours, selon votre nationalité et le motif de votre visite. Il est conseillé d'avoir les documents requis, tels qu'un passeport valide, un billet de retour ou de continuation, ainsi que des preuves de ressources suffisantes, disponibles immédiatement.

Visa de touriste :

Si vous prévoyez de séjourner en Turquie pendant de plus longues périodes, par exemple pour le travail, les études ou le tourisme prolongé, un visa de touriste ou un permis de résidence peut être requis. Il est recommandé de demander ces visas à l'avance auprès de l'ambassade ou du consulat turc le plus proche de votre pays d'origine. Les exigences et le processus de demande varient en fonction du motif de votre visite et de la durée de votre séjour. Il est essentiel de rassembler tous les documents de soutien nécessaires, tels qu'un passeport avec une validité d'au moins six mois, un formulaire de demande rempli, des photos, une assurance voyage, ainsi que des preuves d'hébergement et de moyens financiers. Le traitement des visas peut varier, il est donc prudent de postuler bien avant vos dates de voyage prévues.

Exigences relatives au passeport :

Pour entrer en Turquie, vous devez avoir un visa valide avec une validité minimale de six mois après la date de départ prévue. Il est important de vous assurer que votre visa est en bon état, sans dommages ni pages manquantes, car cela pourrait entraîner un refus d'entrée. Conservez une copie de votre visa et gardez-la séparée de l'original, car elle peut être utile en cas de perte ou de vol.

Autres exigences :

En plus d'un visa valide ou d'une autorisation d'entrée, il y a quelques autres exigences à prendre en compte lors de votre voyage en Turquie. Il est essentiel d'avoir un billet de retour ou de continuation, ainsi que la preuve de ressources suffisantes pour couvrir votre séjour dans le pays. Les règles douanières peuvent vous obliger à déclarer certains articles à l'entrée, en particulier si vous transportez de grosses sommes d'argent, des biens de valeur ou des articles restreints. Familiarisez-vous avec les règles douanières de la Turquie pour garantir la conformité et éviter tout problème potentiel.

2.2 Monnaie et argent en Turquie

En planifiant votre voyage en Turquie, il est essentiel de comprendre la monnaie et les questions financières du pays pour garantir une expérience de voyage fluide et sans tracas. Cette section du guide de voyage fournit des informations détaillées sur la monnaie turque, les services bancaires, le change de devises, les distributeurs automatiques de billets et les moyens de gérer votre argent efficacement pendant votre séjour.

Monnaie :
   La monnaie officielle de la Turquie est la livre turque (TRY). La livre turque est abrégée par "₺" et est divisée en 100 kuruş. Les billets de banque existent en coupures de 5, 10, 20, 50, 100, 200 et 500 livres turques, tandis que les pièces de monnaie sont

disponibles en 1, 5, 10, 25 et 50 kuruş, ainsi qu'en 1 livre turque.

Change de devises :

Le change de devises est largement disponible dans toute la Turquie, en particulier dans les aéroports, les banques et les bureaux de change. Il est recommandé de changer votre argent dans des bureaux de change agréés ou des banques pour garantir des taux équitables et éviter les escroqueries potentielles. Les taux peuvent varier légèrement entre différentes régions, il est donc prudent de comparer les taux avant de procéder à un échange. Évitez de changer de l'argent avec des vendeurs de rue ou des personnes non autorisées.

Distributeurs automatiques de billets et cartes de crédit :

Les distributeurs automatiques de billets (DAB) sont nombreux dans les grandes villes, les villes et les zones touristiques de la Turquie. Ces distributeurs acceptent les principales cartes de crédit et de débit internationales telles que Visa, Mastercard et Maestro. Il est conseillé d'informer votre banque de vos projets de voyage pour éviter tout problème avec votre carte bloquée pour suspicion de fraude. De plus, gardez à l'esprit que certains DAB peuvent facturer des frais pour les transactions internationales, il est donc recommandé de vérifier auprès de votre banque les frais éventuels associés.

Cartes de crédit : Les cartes de crédit sont généralement acceptées dans les hôtels, les restaurants, les magasins et autres établissements dans les zones métropolitaines et les destinations touristiques populaires. Cependant, il est toujours préférable de disposer d'un peu d'argent liquide pour les petites dépenses, les marchés et les zones rurales où l'acceptation des cartes peut être limitée.

Chèques de voyage et restrictions de devises :
Les chèques de voyage ne sont pas largement acceptés en Turquie. Il est préférable de transporter une combinaison d'argent liquide et de cartes pour vos dépenses. De plus, il n'y a pas de restrictions sur la quantité d'argent étranger que vous pouvez apporter dans le pays. Cependant, si vous transportez des espèces d'une valeur supérieure à 10 000 euros ou l'équivalent dans d'autres devises, vous devez le déclarer à votre arrivée.

Banques et bureaux de change :
Les banques en Turquie sont généralement ouvertes du lundi au vendredi, entre 9h00 et 17h00, certaines succursales étant ouvertes le samedi. En plus des services de change de devises, les banques peuvent vous aider pour d'autres questions financières, telles que l'encaissement de chèques de voyage, les transferts de fonds, et d'autres services bancaires.

Applications de conversion de devises :
Envisagez de télécharger une application fiable de conversion de devises sur votre téléphone portable pour calculer facilement les prix et comprendre la valeur des choses dans votre monnaie d'origine. Cela vous aidera à prendre des décisions éclairées lors de vos achats ou de vos négociations.

Pourboires et frais de service :
Les pourboires sont une pratique courante en Turquie. Dans les cafés et les restaurants, un pourboire d'environ 10 à 15 % de la note totale est courant, bien que cela ne soit pas obligatoire.

De plus, certains établissements peuvent inclure des frais de service sur la facture. Il est toujours prudent de vérifier la facture et de demander si vous avez des doutes.

2.3 Langue et communication

Alors que vous vous embarquez pour votre voyage en Turquie, il est essentiel d'en savoir plus sur la langue locale et les pratiques de communication. Cette partie du guide de voyage fournit des informations utiles sur la langue turque, les phrases courantes, les astuces de communication et les ressources pour vous aider à naviguer à travers les conversations et les interactions pendant votre voyage.

La langue turque :
  La langue officielle de la Turquie est le turc, qui appartient à la famille des langues turques. Bien que l'anglais soit largement parlé dans les zones touristiques, en particulier par les jeunes générations et ceux qui travaillent dans l'industrie du tourisme, il est utile d'apprendre quelques phrases turques de base pour améliorer votre expérience de voyage et entrer en contact avec les habitants d'un niveau plus profond.

Expressions courantes :
  Voici quelques expressions turques couramment utilisées qui seront utiles pendant votre séjour :

Merhaba (Mehr-hah-bah) - Bonjour

Teşekkür ederim (Te-shake-kur ed-air-im) - Merci
Evet (Eh-vet) - Oui
Hayır (Ha-yuhr) - Non
Lütfen (Plunder fen) - S'il vous plaît
Anlamıyorum (An-lah-muh-yor-um) - Je ne comprends pas
Ne kadar? (Neh kah-dar) - Combien ?
Yardım eder misiniz? (Yar-dum ed-air meez-neez) - Pouvez-vous m'aider ?
Sağol (Sah-old) - Merci
Güle güle (Goo-leh goo-leh) - Au revoir
Conseils de communication :

Apprendre le turc de base : Bien que de nombreux habitants des zones touristiques parlent anglais, apprendre les expressions turques de base peut créer une bonne impression et être utile dans les situations où l'anglais peut ne pas être compris.

Utiliser des expressions polies : Les Turcs apprécient la politesse, donc l'utilisation de phrases telles que "s'il vous plaît" (lütfen) et "merci" (teşekkür ederim) peut beaucoup aider à créer une atmosphère amicale lors des interactions.

Communication non verbale : Les Turcs utilisent souvent des gestes et des signaux non verbaux dans leur communication. Par exemple, incliner légèrement la tête vers le haut signifie "oui", tandis qu'un léger mouvement de tête indique "non". Soyez attentif à ces signaux subtils pour mieux comprendre la conversation.

Engager la conversation informelle : Les Turcs valorisent les interactions personnelles et engager une conversation informelle sur la famille, la culture ou les intérêts locaux peut contribuer à établir une bonne relation et créer une atmosphère conviviale.

Respect des normes sociales : Les Turcs ont leurs propres normes et coutumes sociales. Par exemple, il est courtois de retirer vos chaussures en entrant chez quelqu'un et de s'habiller modestement en visitant des sites religieux. Respectez les règles données par les sites ou lieux de culte.

Ressources linguistiques :

Applications linguistiques : Téléchargez des applications d'apprentissage des langues telles que Duolingo ou Memrise, qui proposent des cours de turc pour vous aider à apprendre et à pratiquer les expressions de base.

Guide de poche de phrases : Emportez un guide de poche qui propose des traductions et des guides de prononciation pour différentes situations. Cela peut être utile en format papier lorsque vous n'avez pas accès à Internet.

Guides de langue : Achetez un guide de langue complet qui fournit des informations détaillées sur la grammaire, le vocabulaire et les expressions pour une meilleure compréhension de la langue turque.

Comprendre les bases de la langue turque et les pratiques de communication peut grandement améliorer votre expérience de voyage en Turquie. Bien que l'anglais soit souvent parlé dans les zones touristiques, faire l'effort d'apprendre quelques expressions clés et les normes culturelles vous permettra certainement d'améliorer vos interactions avec les habitants, vous permettant ainsi de vous immerger pleinement dans la culture et les paysages dynamiques de ce magnifique pays.

2.4 Conseils pour le bien-être et la sécurité

Alors que vous planifiez votre voyage en Turquie, il est essentiel de vous concentrer sur votre bien-être et votre sécurité. Cette section du guide vous fournit des informations détaillées sur les considérations relatives à la santé, des conseils de sécurité et les numéros d'urgence à connaître pour vous assurer une expérience sûre et agréable tout au long de votre voyage.

Précautions pour la santé :

Assurance médicale : Avant de partir en Turquie, assurez-vous d'avoir une assurance voyage complète qui couvre les traitements médicaux d'urgence, l'hospitalisation et l'évacuation médicale si nécessaire.

Vaccination : Consultez votre fournisseur de soins de santé ou un centre de voyage pour vous assurer d'être à jour pour les vaccinations habituelles. Selon la durée et la nature de votre visite, des vaccinations supplémentaires telles que l'hépatite A, l'hépatite B et la typhoïde pourraient être recommandées.

Eau et alimentation : Bien que l'eau du robinet soit généralement sûre dans les grandes villes et les zones touristiques, il est conseillé de vous hydrater pour éviter tout problème d'estomac éventuel. Lorsque vous mangez, privilégiez les aliments bien cuits et servis chauds. Soyez prudent avec la nourriture de rue et assurez-vous qu'elle est préparée dans des conditions d'hygiène propres.

Protection solaire : La Turquie connaît des étés chauds, il est donc important de vous protéger du soleil. Utilisez de la crème solaire avec un indice de protection élevé, portez un chapeau et cherchez de l'ombre pendant les heures de forte luminosité.

Médicaments sur ordonnance : Si vous prenez des médicaments sur ordonnance, assurez-vous d'avoir suffisamment de stock pour toute la durée de votre voyage. Transportez-les dans leur emballage d'origine, accompagnés d'une copie de l'ordonnance ou d'une lettre de votre fournisseur de soins de santé pour éviter tout problème aux douanes.

Conseils de sécurité :

Numéros d'urgence : Mémorisez ou notez les numéros de contact d'urgence importants, tels que le 112 (urgence générale), le 155 (police) et le 110 (pompiers). Ces numéros peuvent être composés gratuitement depuis n'importe quel téléphone.

Rester informé : Tenez-vous au courant des nouvelles locales et des événements récents, surtout si vous prévoyez de visiter des régions proches des frontières ou des endroits éloignés. Il est conseillé de s'inscrire auprès de votre ambassade ou consulat pour recevoir des alertes et des avis de voyage.

Documents de voyage : Gardez des copies de votre passeport, de votre visa et d'autres documents de voyage importants. Conservez les originaux dans un endroit sûr comme un coffre-fort à l'hôtel et conservez des copies électroniques sur votre téléphone ou par e-mail pour un accès facile.

Sécurité dans les transports : Lorsque vous utilisez les transports en commun, veillez à vos affaires et surveillez en permanence vos effets personnels. Utilisez des taxis agréés ou des services de covoiturage réputés pour un transport plus sûr.

Respect des coutumes locales : Respectez les coutumes locales et les codes vestimentaires, en particulier lors de la visite de lieux religieux. Habillez-vous modestement et suivez les règles établies par le site ou le lieu de culte.

Conscience des petits délits : Bien que la Turquie soit généralement sûre, soyez prudent dans les zones bondées, les lieux touristiques et les transports publics, car des vols à la tire et des arrachages de sac peuvent se produire. Gardez vos biens en sécurité et soyez conscient de votre environnement.

Dangers naturels : Si vous prévoyez d'explorer les paysages naturels de la Turquie, tels que les montagnes ou les zones côtières, renseignez-vous sur les dangers potentiels tels que les conditions météorologiques extrêmes ou le terrain instable. Respectez les règles de sécurité et suivez les avertissements des autorités locales.

Accorder de l'importance à votre bien-être et à votre sécurité est essentiel pour un voyage réussi et sans soucis en Turquie.

En suivant ces précautions sanitaires et ces conseils de sécurité, vous pouvez vous assurer une expérience sûre et agréable tout au long de votre voyage. N'oubliez pas de rester informé, de prendre des précautions et d'utiliser votre bon sens. Avec une préparation adéquate, vous pourrez profiter pleinement de la riche culture, des paysages époustouflants et de l'hospitalité chaleureuse de la Turquie. Soyez également vigilant quant aux avertissements ou alertes touristiques émis par votre gouvernement.

Il est essentiel de se tenir informé des éventuels changements ou mises à jour concernant les exigences en matière de visa et d'entrée en Turquie. Les règles peuvent varier et de nouvelles politiques peuvent être mises en place. Il est conseillé de consulter régulièrement le site officiel du ministère turc des Affaires étrangères, de contacter votre ambassade ou consulat turc local ou de demander l'aide d'agences de voyage réputées pour vous assurer d'obtenir les informations les plus fiables et à jour.

En résumé, comprendre les exigences en matière de visa et d'entrée en Turquie est une étape importante dans la planification de votre voyage. En vous familiarisant avec les règles spécifiques qui s'appliquent à votre nationalité et à la raison de votre voyage, vous pourrez assurer une entrée fluide et sans problème dans le pays, vous permettant ainsi de profiter pleinement de l'histoire riche, de la culture vibrante et des paysages impressionnants que la Turquie a à offrir. N'oubliez pas de prévoir suffisamment de temps pour le traitement du visa, de rassembler tous les documents nécessaires et de rester informé tout au long de votre voyage.

2.5 Options de transport

Explorer la Turquie est facilité grâce à une variété d'options de transport disponibles. Cette section du guide de voyage fournit des informations détaillées sur les modes de transport, y compris les avions, les trains, les bus, les taxis et les locations de voitures pour vous aider à planifier efficacement vos déplacements à l'intérieur du pays.

Voyage en avion :

La Turquie dispose d'un réseau de vols intérieurs modernes, ce qui en fait un choix populaire pour les voyages de longue distance. Plusieurs compagnies aériennes proposent des vols intérieurs reliant les grandes villes telles qu'Istanbul, Ankara, Izmir, Antalya, et bien d'autres. Les vols intérieurs sont rapides et efficaces, vous faisant gagner du temps lors de vos déplacements sur de longues distances.

Trains :

Le réseau ferroviaire turc offre un moyen de transport grandiose et détendu. Les Chemins de fer de l'État turc (TCDD) exploitent des trains qui relient les grandes villes, offrant des sièges confortables et des compartiments couchettes pour les trajets de nuit. Le service de train à grande vitesse, connu sous le nom de YHT (Yüksek Hızlı Tren), relie Istanbul à Ankara et Konya, offrant une option plus rapide pour ces itinéraires.

Bus :

Les bus sont un moyen de transport populaire et économique en Turquie, offrant un vaste réseau de lignes couvrant les courtes et les longues distances. Différentes compagnies de bus proposent des autocars confortables et climatisés avec des sièges inclinables. La gare routière centrale d'Istanbul (Esenler) sert de plaque tournante majeure pour les liaisons de bus nationales et internationales.

Taxis :

Les taxis sont largement disponibles dans les villes et les villages turcs, reconnaissables à leur couleur jaune. Dans les zones métropolitaines, vous pouvez facilement héler un taxi depuis la rue ou les trouver aux arrêts de taxi désignés. Les taxis en Turquie fonctionnent avec des compteurs, assurez-vous donc que le compteur est en marche pendant votre trajet. Il est conseillé d'avoir de la monnaie sur vous pour le paiement des frais de taxi, car certains chauffeurs n'acceptent peut-être pas les cartes.

Dolmuş :

Le dolmuş (taxi collectif/minibus) est un moyen de transport courant en Turquie, en particulier pour les trajets plus courts à l'intérieur des villes ou entre les villes voisines. Ces minibus suivent des itinéraires spécifiques et partent une fois qu'ils ont atteint leur capacité d'accueil. Les tarifs du dolmuş sont généralement fixes et peuvent être payés au conducteur à votre arrivée à votre destination.

Métro et tramways :

Les grandes villes de Turquie, dont Istanbul, Ankara et Izmir, disposent de réseaux de métro et de tramways bien établis, offrant un moyen pratique de transport à l'intérieur de la ville. Ces systèmes sont efficaces, abordables et un choix populaire aussi bien pour les habitants que pour les touristes. Par exemple, le réseau de métro d'Istanbul relie différentes zones et s'étend jusqu'aux périphéries de la ville.

Location de voitures :

Louer une voiture peut être une option pratique pour ceux qui recherchent plus de liberté et de flexibilité pour explorer la Turquie, surtout si vous prévoyez de visiter des régions plus éloignées ou des destinations moins courantes. Plusieurs entreprises de location de voitures internationales et locales opèrent en Turquie, offrant une gamme de véhicules adaptés à différents goûts et budgets. Il est essentiel de se familiariser avec le code de la route local et de disposer d'un permis de conduire international valide.

Conseils supplémentaires :

Dans les zones métropolitaines, privilégiez les transports en commun ou les taxis car le stationnement peut être limité et la circulation dense.

La circulation dans les grandes villes comme Istanbul peut être dense pendant les heures de pointe, donc planifiez vos déplacements en conséquence.

Si vous voyagez pendant les vacances ou les week-ends, réservez vos billets pour les modes de transport longue distance à l'avance pour obtenir votre place préférée.

Soyez prudent avec vos affaires, en particulier dans les endroits bondés ou dans les transports en commun, pour éviter les vols ou les pertes.

La Turquie offre une vaste gamme d'options de transport pour convenir à différents goûts et budgets. Que vous préfériez le confort du voyage en avion, le charme des voyages en train, l'abordabilité des bus ou la flexibilité de la location de voiture, des options de transport sont disponibles pour répondre à vos besoins. En tenant compte de ces modes de transport et de ces conseils, vous pouvez explorer efficacement les différents paysages, sites historiques et villes animées que la Turquie a à offrir.

3

Istanbul: La porte de l'Orient et de l'Occident

3.1 Exploration de Sultanahmet historique

Bienvenue à Sultanahmet, le cœur de la promenade mémorable d'Istanbul. Cette charmante région est une mine d'anciennes merveilles, où le passé se mélange parfaitement au présent. Rejoignez-nous pour une excursion à travers le temps, démêlant l'histoire intrigante et les merveilles architecturales que Sultanahmet a à offrir.

Sainte-Sophie (Hagia Sophia) :
  Notre étape la plus mémorable nous emmène à la célèbre Sainte-Sophie, un chef-d'œuvre de l'architecture byzantine. Initialement construite comme une église au 6ème siècle, elle est devenue plus tard une mosquée et est maintenant un musée.

Admirez son immense coupole, ses mosaïques complexes et son intérieur remarquable. Explorez les expositions qui mettent en valeur l'histoire riche de cette construction éblouissante.

Mosquée Bleue (Mosquée du Sultan Ahmed) :
À quelques pas de Sainte-Sophie, vous trouverez la Mosquée Bleue, un joyau architectural qui domine l'horizon de Sultanahmet. Entrez pour apprécier sa grandeur, avec ses coupoles élégantes, ses minarets imposants et ses impeccables carreaux bleus d'Iznik qui lui donnent son nom. Prenez un moment pour ressentir l'atmosphère paisible et observer le mélange harmonieux des influences islamiques et byzantines.

Palais de Topkapi :
Poursuivez votre voyage en visitant le majestueux palais de Topkapi, l'ancienne résidence des souverains ottomans. Explorez son vaste complexe, en vous promenant dans des cours somptueuses, des jardins luxuriants et des chambres somptueuses. Ne manquez pas le magnifique trésor, abritant des joyaux et des reliques de valeur, dont le célèbre poignard de Topkapi. Profitez de vues panoramiques sur le Bosphore depuis les terrasses du palais.

Citerne Basilique :
Sous les rues animées de Sultanahmet se cache la mystérieuse citerne Basilique, une chambre souterraine qui fournissait autrefois de l'eau à la ville. Plongez dans ce monde souterrain captivant, où une forêt de colonnes anciennes et une atmosphère envoûtante offrent une expérience vraiment fascinante. N'oubliez pas d'admirer les célèbres têtes de Méduse, deux reliques uniques du passé.

Hippodrome :

Remontez dans le passé à l'Hippodrome, ancien lieu de courses de chars et de fêtes à l'époque byzantine. Admirez l'Obélisque égyptien, la colonne du Serpent et l'Obélisque muré, chacun avec sa propre histoire intéressante. Plongez-vous dans l'histoire de cet espace public dynamique et imaginez les magnifiques événements qui s'y sont déroulés.

Grand Bazar :

Terminez votre excursion à Sultanahmet en vous plongeant dans la vivante tapisserie de variétés, d'arômes et de sons du Grand Bazar. Ce marché étendu est un véritable paradis pour les acheteurs, offrant une incroyable sélection d'artisanat traditionnel, de tissus, de bijoux et d'épices. Perdez-vous dans les ruelles complexes, négociez avec les commerçants amicaux et imprégnez-vous de l'ambiance unique de ce marché animé.

Pendant que vous explorez Sultanahmet, prenez le temps de faire des pauses dans les charmantes maisons de thé et les cafés locaux, en dégustant les délices turcs et le thé traditionnel turc. Perdez-vous dans les ruelles étroites, découvrez par hasard des trésors cachés et profitez de la chaleureuse hospitalité des habitants.

N'oubliez pas, Sultanahmet n'est que le début de l'histoire envoûtante d'Istanbul. Continuez à explorer et découvrez la multitude de plaisirs culturels, culinaires et historiques qui vous attendent dans cette ville enchanteresse.

Préparez-vous à être captivé en plongeant dans le Sultanahmet historique, où les échos du passé murmurent des récits d'empires révolus et où chaque coin révèle un nouveau chapitre de l'histoire étonnante de la Turquie.

3.2 Le Grand Bazar et le marché aux épices

Un paradis pour les clients

Aucune visite à Istanbul n'est complète sans explorer les marchés animés et bruyants qui ont été au cœur du commerce de la ville pendant des siècles. Préparez-vous à vous immerger dans les vues, les sons et les parfums du Grand Bazar et du marché aux épices, où les anciennes pratiques et l'artisanat contemporain se rejoignent.

1. Le Grand Bazar :
Pénétrez dans un monde de charme en entrant dans le Grand Bazar, l'un des plus anciens et des plus grands marchés couverts du monde. Ce marché tortueux est une mine d'or de plus de 4 000 boutiques, où vous pouvez trouver de tout, des magnifiques tapis et bijoux aux tissus traditionnels et céramiques.
En explorant les ruelles labyrinthiques, soyez prêt à une surcharge tactile. Les couleurs vibrantes des tapis turcs, les luminaires élaborés et les bijoux en or étincelant attireront votre attention à chaque pas. Participez à l'art de la négociation avec des commerçants amicaux, toujours prêts à vous offrir du thé turc et à partager des anecdotes sur leur artisanat.

2. Marché aux aépices (Bazar égyptien) :
Une courte promenade depuis le Grand Bazar vous mènera au marché aux épices, également connu sous le nom de Bazar

égyptien. Préparez-vous à être fasciné par les parfums envoûtants qui se répandent autour de vous en explorant ce centre de marché dynamique. Les étals d'épices abondent, offrant une variété de saveurs parfumées, dont le safran, le sumac, le cumin et le célèbre loukoum turc.

Laissez vos sens vous guider pendant que vous goûtez des fruits secs, des noix et des bonbons turcs traditionnels. N'oubliez pas de goûter le café turc fraîchement moulu, une partie indispensable de la culture turque. Le marché aux épices est également un refuge pour les herboristes et propose un excellent choix de remèdes naturels et de produits de beauté traditionnels.

Délices locaux et plaisirs culinaires :

Le Grand Bazar et le marché aux épices ne sont pas seulement des endroits pour faire des achats ; ce sont aussi des lieux culinaires. Prenez une pause dans vos explorations et dégustez de délicieux plats de rue turcs. Savourez de délicieux kebabs, des pâtisseries exquises et des pains plats farcis. Goûtez aux délices turcs traditionnels, au baklava et au lokum (loukoum turc), accompagnés d'une tasse de thé turc.

Conseils pour faire des achats :

Explorer ces marchés animés peut être écrasant, voici donc quelques conseils pour rendre votre expérience de shopping plus agréable :

La négociation fait partie de la culture, alors n'hésitez pas à négocier les prix.

Prenez votre temps pour explorer différentes boutiques avant d'acheter, car les prix et la qualité peuvent varier.

Méfiez-vous des contrefaçons et achetez toujours auprès de commerçants réputés.

Gardez un œil sur vos affaires dans les zones bondées pour éviter tout vol à l'arraché.

Rappelez-vous que le Grand Bazar et le marché aux épices sont des endroits pour acheter des souvenirs, mais aussi pour vivre des expériences culturelles en eux-mêmes. Laissez-vous emporter par l'atmosphère dynamique, interagissez avec les habitants et imprégnez-vous de l'histoire riche et des traditions qui rendent ces marchés si uniques.

En quittant ces marchés, chargé de trésors et de souvenirs, vous emporterez avec vous une part de l'esprit dynamique d'Istanbul. Qu'il s'agisse d'un tapis fait main, d'un assortiment d'épices parfumées ou simplement de la chaleur de l'hospitalité turque, le Grand Bazar et le marché aux épices occuperont à jamais une place spéciale dans votre cœur.

3.3 Croisières sur le Bosphore et le côté asiatique : Un voyage à travers les continents

Explorez les eaux captivantes du Bosphore et osez découvrir le côté asiatique d'Istanbul, où l'Orient rencontre l'Occident et où les coutumes anciennes se mêlent à la modernité. Rejoignez-nous pour entreprendre un voyage significatif à travers les continents, découvrant la beauté et la diversité qui vous attendent.

Croisières sur le Bosphore :

Le détroit du Bosphore, un cours d'eau naturel qui sépare l'Europe et l'Asie, est la ligne de vie d'Istanbul. Vivez la magie de cette célèbre voie d'eau en faisant une croisière sur le Bosphore. Montez à bord d'un bateau traditionnel ou d'un luxueux yacht et lancez-vous le long des eaux bleues scintillantes.

Alors que vous glissez le long du Bosphore, admirez la vue panoramique sur l'horizon d'Istanbul, agrémenté de minarets, de palais et de gratte-ciels modernes. Appréciez la beauté architecturale des palais côtiers, connus sous le nom de yalis, qui parsèment les rives. Gardez un œil sur des monuments emblématiques tels que le pont du Bosphore et la tour de la vierge, chacun avec sa propre histoire à raconter.

Côté asiatique (côté anatolien) :

En traversant le pont du Bosphore ou en prenant un ferry, vous arriverez sur le dynamique côté asiatique d'Istanbul, également appelé le côté anatolien. Ici, vous découvrirez un aspect différent de la ville, avec ses quartiers charmants, ses marchés animés et ses monuments culturels.

Kadikoy : Commencez votre exploration à Kadikoy, une région animée connue pour sa vie de rue dynamique et ses cafés populaires. Promenez-vous sur la promenade du front de mer de Kadikoy Moda, pique-niquez dans le parc de Moda et dégustez la cuisine locale. Le marché animé de Kadikoy est un incontournable, où vous pourrez parcourir une variété de produits frais, d'épices et de friandises locales.

Uskudar : Poursuivez votre aventure côté asiatique jusqu'à Uskudar, un quartier historique au riche patrimoine. Visitez la célèbre tour de la Vierge, perchée sur un petit îlot du Bosphore, et admirez des vues imprenables sur la ville. Explorez la place animée d'Uskudar, visitez la magnifique mosquée de la princesse Mihrimah et imprégnez-vous de l'atmosphère paisible du cimetière historique de Karacaahmet.

Beylerbeyi : Continuez votre expérience du côté asiatique en visitant Beylerbeyi, où se trouve l'impeccable palais de Beylerbeyi. Pénétrez dans ses riches intérieurs et promenez-vous dans de magnifiques jardins qui accueillaient autrefois la royauté. Découvrez l'histoire fascinante et admirez la fusion des styles architecturaux ottomans et européens.

Plaisirs culinaires :
Une visite du côté asiatique n'est pas complète sans déguster ses délices culinaires. Dégustez une grande variété de plats de rue, tels que le lahmacun (pizza turque), les kebabs et le simit fraîchement cuit (bagel au sésame). Explorez les restaurants locaux, où vous pourrez déguster des plats traditionnels anatoliens, des spécialités de fruits de mer et des desserts délicieux.

Îles des Princes :
Pour une excursion d'une journée depuis le côté asiatique, montez à bord d'un ferry et visitez les Îles des Princes. Ces îles sans voitures offrent une escapade paisible de la ville, avec leurs charmantes maisons en bois, leurs calèches tirées par des chevaux et leurs plages pittoresques. Profitez d'une balade à vélo tranquille, explorez les monastères historiques et savourez un repas de poisson dans l'un des cafés en bord de mer de l'île.

Visiter le côté asiatique d'Istanbul et faire une croisière sur le Bosphore vous fera découvrir un tout autre univers d'expériences, mêlant l'ancien au contemporain, l'européen à l'asiatique. Embrassez la fusion culturelle unique qui définit cette merveilleuse ville, et laissez la beauté d'Istanbul enchanter votre esprit pendant que vous explorez les deux côtés du captivant Bosphore.

3.4 Merveilles modernes d'Istanbul : Une ville de merveilles contemporaines

Au-delà de son ancienne histoire et de son charme intemporel, Istanbul se vante d'un remarquable ensemble de merveilles modernes qui mettent en valeur son esprit dynamique et sa nature progressiste. Dans cette section, nous vous invitons à explorer l'architecture de pointe, les centres culturels dynamiques et les espaces métropolitains innovants qui caractérisent le visage moderne d'Istanbul.

Zorlu Center :

Situé dans le quartier de Beşiktaş, le Zorlu Center est un symbole de modernité et d'élégance. Ce complexe polyvalent combine des résidences luxueuses, un centre commercial haut de gamme, des restaurants de première classe et un centre des arts du spectacle ultramoderne. Admirez l'architecture épurée, offrez-vous une séance de shopping et assistez à un spectacle en direct dans ce centre unique de divertissement et de style.

Istanbul Moderne :

Pour les amateurs d'art, une visite à Istanbul Moderne est incontournable. Ce musée d'art contemporain, situé le long des rives du Bosphore, présente une collection diversifiée d'art contemporain turc et international. Explorez des expositions intéressantes, assistez à des ateliers de dessin et profitez de vues imprenables sur la ville depuis sa terrasse en bord de mer. Istanbul Moderne témoigne de la scène artistique florissante d'Istanbul et de son engagement en faveur de la créativité.

Tour Sapphire :

S'élevant haut dans le ciel, la Tour Sapphire est le plus haut bâtiment d'Istanbul. Prenez l'ascenseur jusqu'à son belvédère et profitez de vues panoramiques qui s'étendent sur le Bosphore et toute la ville. Contemplez l'architecture moderne, prenez des photos mémorables et admirez la beauté époustouflante d'Istanbul sous un nouvel angle.

Nouvel Aéroport d'Istanbul :

En tant que porte d'entrée vers le monde, le Nouvel Aéroport d'Istanbul est une merveille architecturale qui reflète l'importance internationale de la ville. Cet immense aéroport, l'un des plus grands au monde, propose des installations ultramodernes, des liaisons de transport efficaces et de nombreuses commodités. Que vous arriviez ou que vous partiez, prenez un moment pour apprécier le style moderne et les avancées technologiques qui font de cet aéroport un centre d'élite.

SantralIstanbul :

Niché à l'intérieur de la centrale électrique historique de Silahtarağa, SantralIstanbul est un complexe culturel qui mêle histoire, arts et éducation. Cet espace rénové abrite des expositions d'art contemporain, organise des concerts de musique et offre une tribune pour les mouvements intellectuels et inclusifs. Explorez les vastes halls modernes, visitez la Galerie de l'Énergie et assistez à l'harmonieuse combinaison de l'ancien et du nouveau.

Place Taksim et avenue İstiklal :
La place Taksim et son extension animée, l'avenue İstiklal, incarnent l'énergie moderne d'Istanbul. Ce quartier dynamique est un melting-pot de boutiques, de cafés, de restaurants et de lieux de divertissement. Promenez-vous le long de l'avenue İstiklal, imprégnez-vous de son atmosphère animée et ressentez le pouls de la ville. Appréciez la musique live, goûtez à la cuisine internationale et découvrez les dernières tendances de la mode dans ce centre moderne animé.

En explorant les merveilles modernes d'Istanbul, prenez un moment pour apprécier la capacité de la ville à embrasser l'avenir tout en admirant son riche passé. La combinaison de monuments anciens et de merveilles contemporaines fait d'Istanbul une destination vraiment captivante qui ne cesse jamais de surprendre.

Avec son architecture de pointe, sa scène artistique florissante et ses espaces métropolitains dynamiques, Istanbul vous invite à découvrir son visage moderne et à ressentir l'énergie vibrante qui parcourt ses rues. Embrassez la combinaison de tradition et d'innovation, et laissez les merveilles modernes d'Istanbul marquer durablement votre voyage.

4

Captivante Cappadoce

4.1 Révélation des cheminées féériques

- Origines et formation : Découvrez les processus géographiques qui ont façonné les cheminées féériques, d'impressionnantes formations rocheuses élevées trouvées en Cappadoce et dans d'autres régions de Turquie.
- Caractéristiques particulières : Apprenez-en davantage sur les caractéristiques spécifiques des cheminées féériques, notamment leurs structures en forme de cône, leur paysage singulier et les charmantes formations rocheuses de tuf.
- Balades en montgolfière : Vivez la magnifique beauté des cheminées féériques depuis les hauteurs, en flottant doucement dans une montgolfière au lever du soleil ou au coucher du soleil.

La magie de la Cappadoce
- Musée en plein air de Göreme : Explorez le site du patrimoine mondial de l'UNESCO, abritant d'anciennes églises

rupestres, des monastères et des habitations troglodytes ornées de magnifiques fresques.

■Villes souterraines : Plongez dans les profondeurs de Kaymaklı et Derinkuyu, d'anciennes villes souterraines taillées dans la roche volcanique tendre, offrant un fascinant voyage dans le passé.

■Sentiers de randonnée des cheminées fééTriques : Embarquez pour des randonnées pittoresques à travers les vallées de la Cappadoce, découvrant des cheminées fééTriques, des églises troglodytes cachées et des paysages époustouflants.

Maisons troglodytes : Un voyage dans l'histoire

■Vie confinée : Découvrez le mode de vie unique des habitants des cavernes depuis la préhistoire jusqu'aux civilisations byzantines et à l'époque ottomane.

■Hôtels troglodytes modernes : Vivez le charme de séjourner dans un hôtel-boutique troglodyte, alliant confort moderne et ambiance traditionnelle.

■Urgup, Uchisar et autres villages troglodytes : Explorez les charmants villages où les habitations troglodytes ont été transformées en maisons, restaurants et boutiques, préservant leur patrimoine culturel.

Au-delà de la Cappadoce : Trésors cachés

■Autres régions de cheminées fééTriques : Découvrez des formations de cheminées fééTriques en dehors de la Cappadoce, comme les destinations moins connues d'Urgup, Pasabag et Zelve.

■Les merveilles souterraines de Derinkuyu : Aventurez-vous au-delà de la Cappadoce pour explorer l'incroyable ville souterraine de Derinkuyu, l'une des plus profondes et des plus vastes de la région.

- Vallée des Pigeons : Plongez-vous dans la beauté de la Vallée des Pigeons, ornée de milliers de pigeonniers taillés dans les rochers, et profitez de superbes vues sur les paysages environnants.

Informations pratiques et conseils

- Arrivée et déplacements : Trouvez des informations essentielles sur les options de transport, y compris les vols, les bus et la location de voiture, ainsi que les transports locaux dans la Cappadoce.
- Meilleure période pour visiter : Découvrez les meilleures saisons pour explorer les cheminées féériques et les habitations troglodytes, en tenant compte des conditions atmosphériques et des événements populaires.
- Sensibilité culturelle : Informez-vous sur les comportements respectueux et les normes sociales lors de la visite des habitations troglodytes, y compris les codes vestimentaires appropriés et le comportement photographique.

4.2 Balades en montgolfière en Turquie

- L'aventure des vols au lever du soleil ou au coucher du soleil

Vols au lever du soleil : Levez-vous tôt pour observer le lever de soleil fascinant en embarquant pour une expérience en montgolfière au lever du jour. Vivez les douces teintes dorées qui se posent sur le paysage, créant une atmosphère vraiment magique.

Vols au coucher du soleil : Témoignez des teintes incroyables du coucher du soleil en flottant doucement dans les cieux. Capturez les oranges, les roses et les violets dynamiques qui peignent l'horizon, créant un décor captivant pour votre vol.

▪L'expérience du vol en montgolfière

Préparatifs avant le vol : Informez-vous sur les consignes de sécurité importantes et les préparatifs avant votre vol, garantissant une expérience fluide et agréable.

Le décollage : Soyez témoin du moment palpitant où la montgolfière se gonfle et s'élève gracieusement dans les airs. Ressentez l'ascension douce et profitez du calme pendant que vous flottez plus haut au-dessus du sol.

Durée du vol : Découvrez la durée habituelle des vols en montgolfière en Turquie, qui varie généralement de 60 à 90 minutes, selon les conditions météorologiques et les trajets de vol.

Perspectives panoramiques : Admirez les vues panoramiques sur les paysages environnants, capturant la beauté des merveilles naturelles de la Turquie, des sites historiques et des villages charmants depuis un point de vue unique.

Atterrissage et célébrations : Vivez l'exaltation d'un atterrissage en douceur et célébrez votre vol avec un toast traditionnel au champagne, une pratique courante parmi les montgolfières du monde entier.

▪Informations pratiques et conseils

Réservation d'un vol en montgolfière : Trouvez des informations sur les opérateurs de tours en montgolfière fiables, y compris leurs antécédents en matière de sécurité, les pilotes expérimentés et les prix raisonnables.

Considérations météorologiques : Comprenez l'importance de conditions météorologiques favorables pour les vols en montgolfière et renseignez-vous sur les meilleures saisons pour planifier votre expérience.

Tenue vestimentaire : Habillez-vous confortablement et en couches pour vous adapter aux variations de température pendant le vol. En outre, envisagez de porter un chapeau et des chaussures robustes.

Conseils de photographie : Capturez de superbes photos aériennes en suivant les conseils d'experts sur les réglages de l'appareil photo, les objectifs et la composition. De plus, veillez à la sécurité de votre équipement pendant le vol.

4.3 Exploration des anciennes communautés souterraines urbaines

- Découvrir le patrimoine des villes souterraines

Les communautés souterraines de Cappadoce : Plongez dans les édifices des villes souterraines de Cappadoce, y compris Derinkuyu, Kaymaklı, Özkonak et Mazı. Découvrez leur importance historique, leurs caractéristiques architecturales et les mystères qui entourent leur création.

Les origines : Explorez les hypothèses entourant la construction et la raison d'être de ces villes souterraines, depuis leur utilisation comme abris pendant les invasions jusqu'à leur rôle de zones de stockage et de lieux de culte.

Sites du patrimoine mondial de l'UNESCO : Apprenez-en davantage sur la reconnaissance et les efforts de conservation déployés pour préserver ces villes souterraines remarquables, désignées comme sites du patrimoine mondial de l'UNESCO.

- Plongée dans les profondeurs

La ville souterraine de Derinkuyu : Aventurez-vous dans les profondeurs de Derinkuyu, l'une des plus vastes villes souterraines de Turquie, avec ses tunnels enchevêtrés à plusieurs niveaux, ses pièces cachées et ses éléments architecturaux bien préservés.

La ville souterraine de Kaymaklı : Découvrez les caractéristiques uniques de Kaymaklı, une merveille souterraine avec ses passages interconnectés, ses conduits de ventilation et ses conceptions intrigantes comme des églises, des espaces supplémentaires et des écuries.

La ville souterraine d'Özkonak : Explorez la moins connue ville souterraine d'Özkonak, caractérisée par ses passages étroits, ses zones de stockage et ses systèmes de ventilation impressionnants.

- La vie dans les profondeurs

La vie des troglodytes : Obtenez un aperçu de la vie quotidienne des personnes qui habitaient autrefois ces villes souterraines, en comprenant leur structure sociale, leurs routines quotidiennes et leurs moyens de subsistance.

Merveilles architecturales : Émerveillez-vous devant l'ingéniosité architecturale démontrée dans la construction de ces villes souterraines, y compris les systèmes de ventilation bien conçus, les puits d'eau et les mécanismes de défense.

Lieux de culte : Découvrez les sanctuaires cachés, les temples et les espaces religieux à l'intérieur des villes souterraines, ornés de fresques, de symboles religieux et de détails architecturaux remarquables.

- Exploration au-delà de la Cappadoce

Les villes souterraines de Kaymaklı et Gaziemir à Nevşehir : Aventurez-vous au-delà de la Cappadoce pour explorer les villes souterraines moins connues de Kaymaklı et Gaziemir, offrant des aperçus remarquables sur la vie souterraine.

La ville souterraine d'Özluce à Niğde : Découvrez les mystères de la ville souterraine d'Özluce, mettant en valeur des passages captivants, des systèmes de ventilation et des preuves d'une ancienne communauté prospère.

- Informations utiles et conseils

Préparez votre visite : Trouvez des informations essentielles sur la visite des villes souterraines, y compris les horaires d'ouverture, les prix des billets et les options de visites guidées.

Sécurité et accessibilité : Comprenez les mesures de sécurité en place et les considérations d'accessibilité lors de l'exploration de ces constructions souterraines.

À quoi s'attendre : Préparez-vous pour votre expérience souterraine avec des conseils sur les chaussures appropriées, les vêtements et l'équipement essentiel comme les lampes de poche.

Exploration respectueuse : Découvrez l'importance de respecter ces sites historiques et de suivre les règles pour garantir leur préservation pour les générations futures.

En explorant les passages complexes, les chambres secrètes et les grandes réalisations architecturales, vous dévoilerez les récits du passé et développerez une plus profonde appréciation pour la civilisation exceptionnelle qui prospérait autrefois dans ces domaines souterrains.

4.4 Randonnée et aventures en plein air

Les différents paysages de la Turquie offrent un paradis pour les amateurs de plein air et les amoureux de la nature. Des montagnes escarpées et des forêts luxuriantes aux côtes immaculées et aux ravins époustouflants, le pays est un havre pour la randonnée et les aventures en plein air. Dans ce guide, nous vous invitons à lacet vos chaussures, à respirer l'air frais et à entreprendre des excursions passionnantes à travers les merveilles naturelles éblouissantes de la Turquie.

- Randonnée dans les montagnes magnifiques

1 La Voie Lycienne : Découvrez l'un des meilleurs sentiers de randonnée de longue distance au monde, serpentant le long de la magnifique côte lycienne. Imprégnez-vous de vues incroyables, de ruines antiques et de charmants villages en parcourant ce sentier de 540 kilomètres.

2 Mont Ararat : Défiez-vous en gravissant le sommet du Mont Ararat, le plus haut sommet de Turquie. Vivez la montée de ce grandiose mont entouré de paysages époustouflants.

3 Les Montagnes Kaçkar : Explorez la beauté sauvage des Montagnes Kaçkar, renommées pour leurs sommets spectaculaires, leurs lacs glaciaires et leurs vallées luxuriantes. Lancez-vous dans une randonnée de plusieurs jours à travers cette région éloignée et préservée.

- Expériences de canyon et exploration sauvage

1 Gorge de Saklikent : Aventurez-vous dans les profondeurs de la Gorge de Saklikent, l'une des gorges les plus profondes au monde. Nagez dans des eaux glaciales, escaladez d'immenses

falaises et émerveillez-vous devant les merveilles naturelles sculptées par l'eau au fil des siècles.

2 La Vallée des Papillons : Évadez-vous dans la préservée Vallée des Papillons, un trésor insoupçonné accessible uniquement en bateau ou lors d'une randonnée difficile. Immergez-vous dans un paradis de végétation luxuriante, de cascades et de papillons colorés.

3 Parc National d'Aladağlar : Partez à l'aventure dans le Parc National d'Aladağlar, qui abrite des sommets de calcaire époustouflants, des prairies alpines et des lacs cristallins. Découvrez une multitude de sentiers de randonnée adaptés à tous les niveaux de compétence.

- Errances côtières et exploration des îles

1 La Voie Lycienne - segments côtiers : Découvrez les segments côtiers de la Voie Lycienne, offrant un mélange de promenades pittoresques en bord de mer et de vestiges anciens perchés sur des falaises. Appréciez des vues époustouflantes sur la mer Méditerranée turquoise tout au long de votre voyage.

2 De la Vallée des Papillons à Ölüdeniz : Randonnez de la Vallée des Papillons jusqu'à la célèbre station balnéaire d'Ölüdeniz, où les eaux bleu azur rencontrent le sable blanc. Ce sentier côtier vous offre des vues magnifiques, des criques isolées et une flore éclatante.

3 Les Îles des Princes : Échappez à l'agitation de la ville d'Istanbul et explorez les Îles des Princes. Prenez un bateau et profitez de magnifiques randonnées, balades à vélo et moments de tranquillité dans cet archipel sans voiture.

- Informations pratiques et conseils

1 Choisir le bon sentier : Trouvez des informations sur les

différents sentiers de randonnée en Turquie, y compris les niveaux de difficulté, les conditions du sentier et les points d'intérêt, afin de choisir les options les plus appropriées en fonction de vos préférences et capacités.

2 Équipement de base et sécurité : Renseignez-vous sur l'équipement de base, comme les chaussures de randonnée appropriées, les sacs à dos et les outils de navigation, et comprenez les mesures de sécurité à prendre lors de l'exploration du plein air en Turquie.

3 Camping et hébergement : Découvrez les options de camping, de refuges en montagne et d'établissements écologiques le long des sentiers de randonnée, assurant une expérience en plein air confortable et immersive.

4 Vie sauvage et considérations naturelles : Comprenez l'importance de la préservation de la végétation, en adhérant au principe "Leave No Trace", et en protégeant les écosystèmes fragiles que vous rencontrez.

5

Délices méditerranéens : Antalya et la Côte Turquoise

5.1 Plages éblouissantes et eaux cristallines

Nous explorerons certains des endroits les plus magnifiques en bord de mer où vous pourrez vous immerger dans la beauté de la nature et profiter des joies du soleil, du sable et de l'océan.

Plage d'Ölüdeniz, Fethiye :
Située sur la côte sud-ouest de la Turquie, la plage d'Ölüdeniz est souvent appelée "Lagon bleu" en raison de ses eaux turquoise fascinantes. Cette magnifique plage est nichée entre deux collines couvertes de pins, créant un cadre époustouflant face à la mer scintillante. Que vous choisissiez de vous détendre sur le sable doré, de nager dans les eaux parfaitement claires ou d'essayer des sports nautiques palpitants, la plage d'Ölüdeniz

promet une expérience unique.

Plage de Patara, Antalya :

S'étendant sur 18 kilomètres, la plage de Patara n'est pas seulement l'une des plus longues plages de Turquie, mais aussi l'une des plus belles. Située près de l'ancienne ville de Patara, cette plage idyllique offre une évasion paisible entourée de dunes et d'une riche réserve naturelle. Les eaux calmes et peu profondes en font un lieu idéal pour les familles, et si vous avez de la chance, vous pourriez même apercevoir des tortues caouannes qui viennent pondre sur le rivage.

Plage de Kaputas, Kas :

Cachée entre des falaises imposantes sur la Côte Turquoise, la plage de Kaputas est un trésor caché qui vous éblouira. Accessible par un spectaculaire escalier, cette plage isolée offre des eaux d'un bleu azur éblouissant et un sable fin et doré. Entourée de formations rocheuses impressionnantes, la plage de Kaputas est un havre de paix où vous pourrez vous détendre au soleil, nager dans les eaux parfaitement claires et simplement vous imprégner de la beauté naturelle des environs.

Plage d'Iztuzu, Dalyan :

Située le long de la côte méditerranéenne, la plage d'Iztuzu est une zone préservée célèbre pour sa beauté naturelle et son lieu de nidification pour les tortues caouannes. L'alliance entre le sable doré doux, les eaux cristallines et l'arrière-plan de montagnes vertes luxuriantes crée un cadre vraiment préservé. Explorez les dunes immaculées de la plage, faites une baignade rafraîchissante dans la mer, ou embarquez même pour une excursion en bateau pour observer la beauté rare de ce paradis en bord de mer.

Péninsule de Bodrum :
La péninsule de Bodrum offre une variété de superbes plages et de criques secrètes qui satisferont tous les goûts. De la plage animée et dynamique de Gumbet à la plage paisible et isolée de Bitez, il y en a pour tous les goûts. Avec ses eaux cristallines et ses excellentes installations pour les sports nautiques, la plage de Yalikavak est un favori parmi les amateurs de voile. Ne manquez pas la célèbre plage de Cléopâtre dans la ville d'Ortakent, réputée pour son sable blanc fin et ses eaux turquoise peu profondes.

En explorant les superbes plages et les eaux cristallines de la Turquie, veillez à respecter l'environnement et à observer toutes les règles pour préserver la flore locale. Que vous recherchiez la détente, l'aventure ou simplement une pause en pleine nature, les joyaux côtiers de la Turquie vous promettent une expérience inoubliable pour tous les amateurs de bord de mer. Alors, prenez votre maillot de bain, votre crème solaire et votre sens de l'émerveillement, et partez à la découverte de la beauté naturelle qui vous attend sur les rivages de la Turquie.

5.2 Explorer les villes historiques d'Antalya

Installée le long de la plaisante Riviera turque, Antalya est une ville qui mélange constamment le charme moderne avec un riche héritage historique. Des vestiges de l'ancienne Rome aux forteresses du Moyen Âge, Antalya offre une mine de sites historiques qui captivent l'imagination des visiteurs. Partez pour un voyage captivant avec moi.

Kaleiçi (Vieille ville) :

Plongez dans le cœur du passé d'Antalya en vous promenant dans les ruelles étroites et sinueuses de Kaleiçi. Enfermée par d'anciens remparts, cette zone très bien préservée est un mélange magnifique d'architecture de l'époque ottomane, de charmantes maisons en bois et de cours pittoresques. Découvrez des monuments historiques tels que la Porte d'Hadrien, un arc de triomphe construit en 130 apr. J.-C., et le Minaret Kesik (Minaret brisé), qui a servi autrefois de temple romain puis d'église byzantine.

Musée d'Antalya :

Pour une connaissance approfondie de l'histoire de la région, le Musée d'Antalya est incontournable. Situé à Konyaaltı, ce musée exclusif abrite une vaste collection de reliques datant de l'Antiquité, dont des sculptures romaines, des mosaïques byzantines et des cercueils en pierre grecs. Immergez-vous dans le riche patrimoine culturel d'Antalya à travers ses expositions captivantes.

Théâtre d'Aspendos :

Vivez la splendeur de l'architecture romaine antique au théâtre d'Aspendos, situé à environ 50 kilomètres à l'est d'Antalya. Cet amphithéâtre incroyablement préservé, construit au IIe siècle apr. J.-C., est célèbre pour son acoustique exceptionnelle et sa capacité à accueillir de grandes foules. Assistez à une représentation ou explorez simplement les gradins qui accueillaient autrefois des milliers de spectateurs.

Pergé :

À seulement un court trajet en voiture d'Antalya se trouve l'ancienne cité de Pergé, un site archéologique débordant d'importance historique. Explorez les ruines d'un théâtre romain, d'une place publique et d'une magnifique rue colonnée qui servait autrefois de voie principale de la ville. Admirez les détails complexes des mosaïques très bien préservées et la magnificence monumentale de la porte hellénistique.

Phaselis :

Située au milieu de paisibles forêts de pins sur les plaines côtières, Phaselis était une importante cité portuaire dans l'Antiquité. Promenez-vous le long de la rue centrale parfaitement préservée, ornée de colonnes anciennes et bordée de ruines de boutiques et de bâtiments publics. Plongez dans les eaux entièrement limpides de Phaselis Oceanside, un mélange éblouissant d'histoire et de beauté naturelle.

Termessos :

Installée en hauteur dans les montagnes du Taurus, l'ancienne cité de Termessos offre une expérience unique et spectaculaire. Connu pour son emplacement montagneux stratégique, cette ville abandonnée possède des bâtiments très bien conservés, dont un théâtre, un gymnase et des tombes taillées dans la roche. Grimpez à travers les chemins pittoresques pour atteindre les ruines et profiter de vues panoramiques incroyables.

5.3 Lycian Way : Un paradis pour les voyageurs en Turquie

Lancez-vous dans une merveilleuse excursion à travers des paysages époustouflants, des ruines anciennes et des panoramas côtiers le long du Sentier Lycien, l'un des sentiers de randonnée les plus envoûtants de Turquie. S'étendant sur environ 540 kilomètres le long de la côte rocheuse du sud-ouest de la Turquie, le Sentier Lycien offre aux voyageurs une expérience exceptionnelle à travers l'histoire et la nature. Dans ce guide de voyage, nous vous invitons à découvrir la magnifique beauté et le riche patrimoine culturel du Sentier Lycien.

Itinéraire du sentier :

Le Sentier Lycien, marqué par des bandes peintes en rouge et blanc, serpente à travers une gamme variée de paysages, des montagnes escarpées aux eaux bleu azur. Ce sentier ancestral commence à Ölüdeniz, près de Fethiye, et se termine à Geyikbayırı, près d'Antalya. Divisé en différentes étapes, chacune offrant son charme unique, le Sentier Lycien promet une expérience immersive pour les voyageurs de tous âges.

Ruines antiques :

Le long du Sentier Lycien, vous découvrirez une multitude de ruines anciennes qui racontent les histoires des civilisations qui ont autrefois prospéré dans cette région. Explorez les vestiges magnifiques de Patara, une ancienne cité lycienne avec son théâtre bien préservé et ses ruines de l'époque romaine. Visitez les fascinantes ruines d'Olympos, nichées au cœur d'une forêt luxuriante et ornées des vestiges d'anciens temples et tombes.

La vieille ville de Phaselis, avec son mélange intéressant de ruines et de beauté côtière, est un autre point fort à ne pas manquer.

Beauté côtière :
Le Sentier Lycien offre des vues époustouflantes sur la côte à chaque étape. Parcourez des falaises escarpées, promenez-vous le long de plages immaculées et admirez les eaux turquoise de la mer Méditerranée. L'un des endroits les plus populaires du sentier est la Vallée des Papillons, un canyon isolé débordant de papillons colorés et de cascades. Capturez des moments dignes de cartes postales dans des baies magnifiques comme Kabak et Çıralı, où vous pourrez vous baigner dans des eaux cristallines et rafraîchissantes.

Villages charmants :
Le long du sentier, vous rencontrerez des villages traditionnels charmants qui offrent un aperçu de la vie locale. Faites l'expérience de l'hospitalité chaleureuse des Turcs en traversant des villages tels que Faralya, où vous pourrez déguster une cuisine traditionnelle et interagir avec des habitants sympathiques. Profitez de la simplicité et de la sérénité de ces villages, entourés de paysages enchanteurs et ornés de maisons traditionnelles en pierre.

Merveilles naturelles :
Le Sentier Lycien est un refuge pour les amoureux de la nature. Traversez les sommets imposants du mont Olympos, le point culminant de la région, et soyez récompensé par des vues panoramiques sur la campagne environnante. Découvrez la mystique Chimère, où des évents de gaz naturel créent des

flammes éternelles qui fascinent les voyageurs depuis des siècles. Explorez une végétation variée en traversant des forêts de pins, des oliveraies et une végétation aromatique de maquis.

Considérations pratiques :

Avant de vous lancer dans votre aventure sur le Sentier Lycien, il est essentiel d'être bien préparé. Emportez suffisamment d'eau et de provisions alimentaires, ainsi qu'un équipement de randonnée approprié. Le meilleur moment pour entreprendre le sentier est au printemps (d'avril à juin) et en automne (de septembre à novembre), lorsque les conditions météorologiques sont douces et les paysages sont ornés de fleurs éclatantes ou de feuilles d'automne. Planifiez vos distances quotidiennes en fonction de votre niveau de forme physique et n'oubliez pas de consulter des guides détaillés pour bien explorer le sentier.

5.4 La fraîcheur thermale de Pamukkale

Profitez de la magnificence envoûtante et du charme thérapeutique des piscines thermales de Pamukkale, une merveille naturelle située dans le sud-ouest de la Turquie. Connu sous le nom de "Château de Coton", Pamukkale se vante de stupéfiantes terrasses blanches scintillantes, riches en minéraux, formées pendant des millénaires. Dans ce guide de voyage, nous vous invitons à vous immerger dans l'univers magique de Pamukkale, où l'art de la nature et les eaux thermales apaisantes offrent une expérience extraordinaire.

Géologie et formation :

Les piscines thermales de Pamukkale sont le résultat de millénaires d'eau riche en minéraux coulant le long de la montagne. Les piscines sont formées par les dépôts de carbonate de calcium laissés par l'eau qui déborde sur les terrasses, créant un paysage étrange rappelant des patios de travertin d'un blanc neigeux. Les formations géologiques uniques et l'écoulement toujours changeant de l'eau font de Pamukkale une merveille géographique et un site du patrimoine mondial de l'UNESCO.

Ancienne cité d'Hiérapolis :

À proximité des piscines thermales se trouve l'ancienne cité d'Hiérapolis, un site archéologique d'une grande importance historique. Explorez cette ancienne cité gréco-romaine et admirez ses ruines très bien conservées, dont une vaste nécropole, un théâtre, une majestueuse rue colonnée et un complexe thermal romain élaboré. Contemplez la combinaison de la beauté naturelle et de l'histoire de l'humanité en vous promenant à travers cette fascinante merveille archéologique.

Eaux thermales et bienfaits pour la santé :

Les eaux thermales de Pamukkale sont renommées pour leurs propriétés thérapeutiques et attirent des visiteurs depuis l'Antiquité. Immergez-vous dans les eaux chaudes riches en minéraux et ressentez les effets apaisants sur votre corps et votre esprit. On pense que les eaux ont des propriétés curatives pour diverses affections, notamment les problèmes de peau, les affections respiratoires et les maladies. Profitez d'un bain revigorant et relaxant dans les piscines chaudes, permettant aux eaux riches en minéraux de raviver vos sens.

Piscine de Cléopâtre :

Au sein de l'ancienne cité d'Hiérapolis, vous trouverez la piscine de Cléopâtre, une piscine thermale légendaire imprégnée d'histoire et de mythes. Selon les légendes anciennes, cette piscine était un cadeau de Marc Antoine à Cléopâtre. Aujourd'hui, les visiteurs peuvent se baigner dans cette piscine envoûtante, entourée d'anciennes colonnes romaines et de ruines submergées. Profitez de l'expérience onirique de nager dans un cadre historique, où les eaux chaudes vous transportent vers une autre époque.

Coucher de soleil et vues grandioses :
Contemplez la magnifique beauté des piscines thermales de Pamukkale au coucher du soleil, lorsque les teintes changeantes du ciel se reflètent sur les terrasses blanches scintillantes. L'alternance des couleurs crée une ambiance vraiment magique, offrant un paradis pour les photographes. Pour avoir les meilleurs points de vue, montez au sommet des terrasses ou explorez les collines avoisinantes, d'où vous pourrez capturer des vues panoramiques de ce paysage féérique.

Considérations pratiques :
Pour profiter au maximum de votre visite aux piscines thermales de Pamukkale, assurez-vous d'apporter des chaussures confortables, car vous marcherez sur les terrasses de travertin. Respectez les règles en place pour préserver cette merveille naturelle, comme enlever vos chaussures et ne pas marcher sur les formations délicates. Il est également conseillé de visiter tôt le matin pour éviter les foules importantes et avoir les piscines pour vous dans une ambiance plus calme.

Les piscines thermales de Pamukkale offrent une pause étrange et bienfaisante dans l'étreinte enchanteresse de la nature. Que vous recherchiez détente, exploration historique ou simplement la possibilité de vous émerveiller devant une singularité géologique, Pamukkale promet une expérience extraordinaire. Immergez-vous dans les eaux thermales magiques, explorez l'ancienne cité d'Hiérapolis et admirez la vue époustouflante au coucher du soleil. Une visite aux piscines thermales de Pamukkale est une véritable immersion dans les merveilles de la nature, où sérénité, beauté et guérison se mêlent harmonieusement.

6

Merveilles antiques d'Éphèse et de Pamukkale

6.1 Exploration des ruines d'Éphèse

Bienvenue à Éphèse, peut-être l'un des sites archéologiques les plus étonnants de Turquie et un véritable joyau de l'ancien monde. Nichée près de la côte égéenne, cette ville autrefois florissante invite les visiteurs à remonter le temps et à s'immerger dans les vestiges charmants d'une époque passée. Des temples grandioses aux mosaïques complexes, les ruines d'Éphèse offrent un aperçu captivant du passé. Rejoignez-nous pour un voyage et préparez-vous à être transporté à l'époque de l'Empire romain.

Histoire et importance :
Éphèse remonte au Xe siècle av. J.-C., lorsqu'elle fut fondée en tant que cité grecque ionienne. Au fil du temps, elle prospéra et

prit de l'importance, devenant finalement la capitale de la région romaine d'Asie. En tant que centre majeur du commerce, de la religion et de la culture, Éphèse a prospéré pendant des siècles jusqu'à ce qu'elle soit progressivement abandonnée en raison des changements politiques et économiques. Aujourd'hui, les ruines d'Éphèse témoignent de l'ancienne grandeur de la ville et offrent une riche broderie d'importance historique à découvrir.

La bibliothèque de Celsus :

L'un des monuments les plus emblématiques d'Éphèse est la bibliothèque de Celsus, un ancien édifice romain qui abritait des milliers de parchemins. Construite au IIe siècle apr. J.-C., la bibliothèque est un remarquable exemple du talent architectural romain. Sa façade, ornée de sculptures et de reliefs complexes, est une vue impressionnante. Entrez à l'intérieur et imaginez les érudits du passé, entourés d'étagères remplies de connaissances. La bibliothèque de Celsus est le symbole de la sagesse et de la quête intellectuelle.

Le Grand Théâtre :

Préparez-vous à être impressionné en découvrant le Grand Théâtre, un sublime amphithéâtre pouvant accueillir jusqu'à 25 000 spectateurs. Cette vaste structure servait de lieu de représentations théâtrales, mais aussi d'enceinte pour des rassemblements politiques et des combats de gladiateurs. En gravissant les marches du théâtre, vous pouvez imaginer l'excitation et l'effervescence qui animaient autrefois cet espace. Depuis le sommet, profitez d'une vue panoramique sur le paysage environnant, reliant le passé et le présent en un seul regard.

Les maisons en terrasse :

Pour avoir un aperçu de la vie des habitants aisés d'Éphèse, une visite des maisons en terrasse est incontournable. Ces résidences privées très bien préservées offrent une opportunité unique de voir le mode de vie luxueux de l'élite romaine. Des fresques complexes, de superbes mosaïques et des détails architecturaux magnifiquement préservés offrent une image distinctive du passé. Promenez-vous à travers les pièces et les patios, et laissez votre imagination vous transporter à une époque où ces maisons étaient des demeures actives, remplies de vie.

Le Temple d'Artémis :

Bien que le Temple d'Artémis, l'une des Sept Merveilles du Monde Antique, ne se dresse plus dans toute sa splendeur, les vestiges de cette construction sacrée peuvent encore être appréciés. Autrefois considéré comme le plus grand temple grec jamais construit, il était un lieu de culte dédié à la déesse Artémis. Malgré les nombreuses destructions qu'il a subies, l'importance et la valeur historique du temple sont évidentes, et ses ruines continuent de fasciner les visiteurs.

Au-delà des ruines :

Si Éphèse en elle-même est une destination fascinante, il y a encore beaucoup à explorer dans les environs. Visitez le musée d'Éphèse à proximité pour voir des objets découverts sur le site, tels que des sculptures, des céramiques et des outils anciens. Promenez-vous dans le charmant village de Selçuk, où vous pourrez déguster une délicieuse cuisine turque et faire du shopping dans les boutiques locales. De plus, des attractions à proximité, telles que la Maison de la Vierge Marie et le

Temple d'Artémis à Selçuk, offrent des expériences historiques et culturelles supplémentaires.

Informations pratiques :

Éphèse est située à environ 3 kilomètres au sud-ouest de Selçuk, une ville facilement accessible en bus ou en train depuis les villes voisines comme Izmir et Aydin.
Portez des chaussures de marche confortables car le site nécessite beaucoup de marche et d'exploration.
Envisagez de visiter tôt le matin ou en fin d'après-midi pour éviter les foules et profiter d'une expérience plus paisible.
Faites appel aux services d'un guide compétent pour approfondir votre compréhension de l'importance historique et culturelle du site.

Alors que vous vous lancez dans votre voyage à travers les ruines d'Éphèse, préparez-vous à être transporté à travers le temps. Les restes enchanteurs de cette ville autrefois puissante laisseront une empreinte durable dans votre mémoire. Éphèse est le témoignage d'une réalisation humaine, invitant les visiteurs à se connecter avec le passé et à dévoiler les secrets d'un monde ancien.

6.2 Hierapolis et le Château de coton

Hierapolis, une ancienne ville riche en histoire, et Pamukkale, largement connu sous le nom de Château de coton, se rejoignent pour créer une destination exceptionnelle qui mêle parfaitement les ruines antiques avec des formations géographiques étonnantes. Joignez-vous à nous pour une excursion afin de découvrir ces magnifiques sites et soyez prêt à être émerveillé par leur beauté et leur importance.

Hierapolis : Un bref aperçu de la vie romaine antique

Nichée sur un plateau surplombant la fertile vallée du Menderes, Hierapolis prospérait autrefois en tant que ville romaine et byzantine animée. Fondée au 2ème siècle avant notre ère, cette ancienne ville était renommée pour ses eaux thermales curatives, attirant des visiteurs en quête de détente et de bien-être. Aujourd'hui, les ruines de Hierapolis offrent un regard fascinant sur la vie de ses anciens habitants.

Commencez votre exploration au Théâtre bien préservé de Hierapolis, un magnifique amphithéâtre qui pouvait accueillir jusqu'à 15 000 spectateurs. En gravissant les marches en pierre, imaginez les échos des représentations et des rassemblements politiques qui résonnaient autrefois dans l'atmosphère. L'acoustique exceptionnelle du théâtre et les vues panoramiques sur le paysage environnant ne manqueront pas de laisser une impression durable.

Ensuite, rendez-vous au Nécropole, un vaste cimetière ancien qui s'étend sur plusieurs kilomètres. Admirez les tombes et les catacombes complexes, reflétant chacune différents styles architecturaux et offrant un aperçu des pratiques funéraires de l'époque. La Nécropole de Hierapolis est un rappel poignant de la riche histoire de la ville et de l'importance accordée à l'hommage aux défunts.

Le Musée archéologique de Hierapolis est un autre site incontournable à l'intérieur de la vieille ville. Il présente une collection impressionnante d'objets, dont des sculptures, des sarcophages et des anciennes pièces de monnaie, offrant une compréhension plus profonde du passé de la ville. Émerveillez-vous devant les détails complexes des expositions et laissez les conservateurs du musée vous transporter dans le temps.

6.3 Pamukkale : La beauté immaculée du Château de coton

À côté de la vieille ville se trouve Pamukkale, une merveille naturelle qui a émerveillé les voyageurs depuis des siècles. Pamukkale, qui signifie "château de coton" en turc, est une série étonnante de formations de travertin en terrasses créées par le passage d'eaux thermales riches en carbonate de calcium.

En approchant de Pamukkale, soyez prêt à être accueilli par un paysage étrange de patios blancs étincelants, ressemblant à une cascade gelée en mouvement. Les patios se forment lorsque les eaux riches en minéraux coulent en bas de la pente, laissant derrière elles des couches de calcite. Le résultat est un spectacle visuel éblouissant, avec des bassins d'eau teintés de turquoise se formant à chaque bord de patio.

Immergez-vous dans les eaux chaudes et rafraîchissantes et ressentez la sensation unique de marcher pieds nus sur cette surface chaude et riche en minéraux. Profitez des propriétés bienfaisantes des eaux, réputées pour leurs vertus curatives pour diverses affections. Les piscines thermales de Pamukkale offrent une oasis paisible pour se détendre et se relaxer au cœur d'un cadre exceptionnel.

Explorer Pamukkale ne se limite pas à ses patios seuls. À proximité, vous trouverez l'ancien complexe romain de bains, connu sous le nom de Piscine Antique de Hierapolis. Plongez dans les eaux chaudes et enrichies en minéraux de cette piscine historique, entourée d'imposantes colonnes romaines et d'objets immergés. Une expérience vraiment immersive qui combine les pouvoirs curatifs des eaux chaudes avec le charme de l'architecture romaine ancienne.

Informations utiles :

Hierapolis et Pamukkale se trouvent près de la ville de Denizli, dans le sud-ouest de la Turquie. Denizli est accessible en bus ou en voiture depuis des villes importantes comme Istanbul, Izmir et Antalya.
 Planifiez votre visite à Pamukkale tôt le matin pour éviter les foules et profiter des patios dans leur état le plus préservé.
 N'oubliez pas d'apporter de la crème solaire, un chapeau et des chaussures confortables pour explorer à la fois Hierapolis et Pamukkale.
 Soyez respectueux envers les sites historiques et naturels en respectant toutes les règles et directives en vigueur.
 Hierapolis et Pamukkale offrent un mélange harmonieux d'histoire ancienne et de merveilles naturelles, invitant les voyageurs à entreprendre un voyage qui traverse des siècles. De la splendeur des ruines de Hierapolis à la beauté aérienne des patios en cascade de Pamukkale, cette destination exceptionnelle

met en valeur le riche patrimoine culturel et géographique de la Turquie. Explorez le passé, embrassez le présent et plongez-vous dans les merveilles de Hierapolis et du Château de coton.

7

Le Voyage Turquoise : Bodrum et la Côte Égéenne

7.1. Le Château et la Marina de Bodrum

Bodrum, une agréable ville sur la côte égéenne de la Turquie, offre aux visiteurs une charmante excursion remplie de sites historiques et de beauté naturelle. L'un des principaux attraits de Bodrum est son superbe château et sa marina, qui mettent en valeur le riche patrimoine de la ville.

Le Château de Bodrum, également connu sous le nom de Palais de Saint-Pierre, se dresse fièrement sur le front de mer, surplombant les eaux scintillantes et turquoises de la mer Égée. Construit au XVe siècle par les Chevaliers Hospitaliers, le château est un remarquable exemple d'architecture médiévale. Ses impressionnants murs en pierre, ses tours et ses remparts offrent un aperçu du passé de Bodrum en tant que forteresse essentielle.

À l'intérieur du château, vous trouverez le Musée d'Archéologie Sous-Marine, une mine d'or d'anciens vestiges récupérés dans les épaves des eaux environnantes. Des amphores magnifiquement préservées aux bijoux complexes, le musée offre un aperçu intéressant de l'histoire maritime de la région.

À proximité du château se trouve la Marina de Bodrum, un centre animé pour les yachts et les passionnés de croisière. La marina bénéficie d'une atmosphère dynamique avec des restaurants, des cafés et des boutiques bordant sa promenade. C'est l'endroit idéal pour se détendre, profiter d'un repas avec vue ou faire une promenade tranquille le long du front de mer.

7.2. Les Plages et Baies de la Péninsule de Bodrum

La péninsule de Bodrum, s'étendant dans la mer Égée, est réputée pour ses plages immaculées et ses criques isolées. Avec ses eaux cristallines et ses paysages magnifiques, la péninsule offre une escapade charmante pour les amateurs de bord de mer et les amoureux de la nature.

L'une des plages les plus populaires de la région est la plage de Bitez, située à proximité de la ville de Bodrum. Ses sables dorés et ses eaux peu profondes en font un endroit idéal pour les familles et les adeptes du farniente à la plage. Les passionnés de planche à voile se dirigent également vers la plage de Bitez, car la baie bénéficie de vents constants parfaits pour ce sport.

Plus loin le long de la péninsule, vous trouverez Gümüşlük, un petit village de pêcheurs au charme unique. Gümüşlük est célèbre pour sa plage, qui est soutenue par d'anciennes ruines submergées dans les eaux libres. Pendant que vous nagez ou vous promenez le long de la côte, vous pouvez admirer les vestiges de l'ancienne cité de Myndos, créant un mélange fascinant d'histoire et de beauté naturelle.

Pour ceux qui recherchent une expérience plus isolée sur le littoral, la péninsule de Bodrum offre plusieurs criques secrètes accessibles en bateau ou à pied. Des endroits tels que Camel Beach, Bunny Island et Cleopatra Island (Sedir Island) offrent des rivages de sable immaculés et des environnements paisibles, permettant aux visiteurs de se détendre et de se connecter avec la nature.

7.3. Ruines antiques grecques : Didymes et Priène

La côte égéenne de la Turquie est riche en histoire grecque antique, et une visite à Bodrum offre une précieuse opportunité d'explorer des sites archéologiques étonnants à proximité. Deux de ces sites d'une grande importance historique sont Didymes et Priène.

Didymes, situé à environ 80 kilomètres de Bodrum, était autrefois le site du Sanctuaire d'Apollon, peut-être l'oracle le plus célèbre du monde antique. Bien que le sanctuaire lui-même n'existe plus, les vestiges de ses gigantesques colonnes et des grandes ruines offrent aux visiteurs une idée de la splendeur qui existait autrefois ici. Le statut mystérieux du Sanctuaire d'Apollon en faisait un site de pèlerinage apprécié des anciens Grecs en quête de direction divine.

Priène, située à environ 30 kilomètres au nord de Didymes, est une autre ancienne cité grecque qui offre un voyage fascinant dans le temps. Les ruines bien préservées de la ville mettent en évidence un plan d'urbanisme typiquement grec, avec un théâtre, un marché et un complexe de temples. Explorer Priène vous permet d'imaginer à quoi ressemblait la vie dans la Grèce antique et d'apprécier les réalisations architecturales de cette époque.

Visiter à la fois Didymes et Priène permet de mieux comprendre l'importance historique de la région et l'influence de la civilisation grecque antique sur la formation de la côte égéenne.

7.4. Croisière sur la Côte Turquoise

Aucun voyage le long de la côte égéenne ne serait complet sans découvrir la beauté de la Côte Turquoise depuis l'eau. Bodrum offre un excellent point de départ aux passionnés de croisière désireux d'explorer les nombreuses criques secrètes, les plages immaculées et les îles captivantes qui agrémentent le littoral.

Louer un bateau ou participer à une excursion en bateau vous permet de découvrir des trésors inattendus mais inestimables de la région, inaccessibles par voie terrestre. En explorant les eaux turquoise, vous découvrirez des baies isolées bordées de végétation luxuriante, où vous pourrez jeter l'ancre et nager dans une mer parfaitement claire.

L'une des destinations incontournables lors d'une croisière est l'archipel des Douze Îles, un ensemble époustouflant au large de la côte de Bodrum. Chaque île a sa propre personnalité distincte, offrant une expérience unique aux visiteurs. Certaines îles comportent des ruines antiques à explorer, tandis que d'autres sont inhabitées, vous permettant de vous immerger dans une nature intacte.

En cours de route, vous pouvez également faire escale dans des villages côtiers, comme Turgutreis ou Gümüşlük, pour découvrir la culture locale, déguster du poisson frais ou simplement vous détendre sur les rivages baignés de soleil.

La croisière sur la Côte Turquoise offre une expérience exceptionnelle, combinant la liberté de l'océan sauvage, la beauté du littoral et la formidable opportunité de découvrir des trésors cachés que l'on ne peut trouver qu'en naviguant.

8

Gems Culturels : Ankara, Konya, et Au-delà

8.1. La Capitale : Ankara

Ankara, la capitale de la Turquie, est un joyau culturel animé qui offre un mélange d'innovation et de richesse historique. Bien qu'elle ne soit peut-être pas aussi éminente qu'Istanbul ou d'autres destinations touristiques importantes en Turquie, Ankara possède son propre charme avec ses attractions remarquables et son importance culturelle.

En tant que point politique du pays, Ankara abrite diverses institutions gouvernementales, des consulats étrangers et des infrastructures modernes. Cependant, au-delà de l'agitation administrative, la ville compte plusieurs monuments historiques et culturels qui attirent des visiteurs du monde entier.

8.2. Mausolée d'Atatürk

L'un des sites les plus importants à Ankara est le mausolée d'Atatürk, le père de la Turquie moderne. Ce fabuleux complexe commémoratif rend hommage à Mustafa Kemal Atatürk, le leader et premier président de la République de Turquie. Le mausolée est un chef-d'œuvre architectural, comprenant une structure imposante et une cour paisible ornée de jardins parfaitement entretenus.

À l'intérieur du mausolée, les visiteurs peuvent explorer un musée impressionnant consacré à la vie d'Atatürk et à l'histoire de la Turquie moderne. Les expositions présentent des effets personnels, des photos et des documents, offrant un aperçu de l'héritage du leader visionnaire. Une visite au mausolée d'Atatürk est non seulement une expérience instructive, mais aussi une occasion de rendre hommage à une figure respectée de l'histoire turque.

8.3. Musée de Mevlana et Derviches Tourneurs

Situé dans la ville de Konya, à seulement quelques heures d'Ankara, le musée de Mevlana a une importance culturelle et spirituelle exceptionnelle. Le musée est dédié à Mevlana Jalal ad-Din Rumi, un éminent mystique soufi et écrivain dont les enseignements continuent d'inspirer des gens du monde entier.

Le complexe du musée abrite le mausolée de Rumi, également

connu sous le nom de Dôme Vert, où les visiteurs peuvent rendre hommage au bien-aimé philosophe. À l'intérieur, règne une atmosphère paisible, et les visiteurs peuvent observer la dévotion des derviches tourneurs, adeptes des enseignements de Rumi, qui exécutent leurs envoûtantes danses soufies.

Les derviches tourneurs, vêtus de robes blanches avec de hauts chapeaux coniques, participent à une danse tournante méditative appelée le Sema. Cette danse éblouissante symbolise un voyage spirituel et la quête d'unité avec le divin. Assister à une cérémonie de Sema est une expérience véritablement envoûtante, plongeant les visiteurs dans le monde enchanté du soufisme.

8.4. Découvrir les Chuchotements de l'Anatolie Centrale

Au-delà d'Ankara et de Konya, la région de l'Anatolie Centrale regorge de joyaux culturels prêts à être découverts. La Cappadoce, une destination unique célèbre pour ses paysages surréels, est incontournable. Les cheminées de fées de la région, les anciennes habitations troglodytes et les cités souterraines offrent un aperçu d'une époque révolue.

La capitale hittite de Hattusa, située près de la ville moderne de Boğazkale, présente les ruines d'une ancienne civilisation qui a prospéré dans la région. Explorer les vestiges de ce site inscrit au patrimoine mondial de l'UNESCO permet aux visiteurs de remonter le temps et d'admirer la splendeur de l'Empire hittite.

De plus, la vieille ville de Safranbolu, avec son architecture ottomane bien préservée, est une étape charmante pour toute excursion culturelle. Ses rues pavées, ses maisons historiques et l'hospitalité turque traditionnelle transportent les visiteurs dans les temps passés.

En résumé, Ankara, Konya et la région étendue de l'Anatolie Centrale offrent une multitude de perles culturelles prêtes à être explorées. De la grandeur du mausolée d'Atatürk au charme spirituel du musée de Mevlana et aux paysages captivants de la Cappadoce, cette partie de la Turquie dévoile un patchwork d'histoire, de spiritualité et de beauté naturelle. Que vous recherchiez des connaissances historiques, des expériences mystiques ou que vous souhaitiez simplement vous immerger dans la culture turque, Ankara, Konya et au-delà auront sans aucun doute un impact durable.

9

Mystères Orientaux : Les Voisins de Cappadoce

9.1. L'énigmatique Mont Nemrut

Situé dans le sud-est de la Turquie, le Mont Nemrut est couvert de mystère et occupe une place cruciale dans les secrets de l'Est. Cette superbe montagne se dresse à une altitude de 2 134 mètres (7 001 pieds) et est connue pour ses sculptures exceptionnelles et ses anciennes ruines.

Au sommet du Mont Nemrut, vous trouverez les vestiges d'un immense sanctuaire funéraire construit par le seigneur Antiochus I de Commagène vers le 1er siècle avant J.-C. Le sanctuaire est orné de sculptures monumentales de dieux et de rois, mesurant 9 mètres (30 pieds) de haut. Ces sculptures, finement sculptées et agencées selon un motif particulier, offrent un aperçu de la religion et des convictions sociales de l'époque.

La raison d'être du sanctuaire et l'importance des sculptures restent un sujet de discussion parmi les historiens et les archéologues. Certaines hypothèses suggèrent que le site servait de magnifique exposition de la généalogie divine du roi Antiochus I et de son désir d'être reconnu comme un dieu. D'autres suggèrent qu'il s'agissait d'un lieu de rituels religieux ou d'observations astronomiques.

Quelle que soit sa raison originale, une visite au Mont Nemrut est une expérience vraiment frappante. Contempler les immenses sculptures, le paysage paisible de la montagne et le lever ou le coucher du soleil depuis le sommet est une expérience remarquable liée aux anciens mystères de l'Est.

9.2. Anciennes Ruines de Hattusa

Au cœur de l'Anatolie, près de l'actuelle ville de Boğazkale, se trouve l'ancienne cité de Hattusa. Cette ancienne capitale de l'Empire hittite remonte à l'âge du bronze et constitue aujourd'hui un site archéologique important, imprégné de mystères de l'Est.

Les ruines de Hattusa offrent un regard fascinant sur la civilisation hittite, qui a prospéré entre les 17e et 12e siècles avant J.-C. En explorant le site, vous découvrirez des vestiges des puissantes forteresses, des temples, des palais et des quartiers de la ville. Le Grand Sanctuaire, avec ses immenses murailles de pierre et ses reliefs complexes, témoigne de la grandeur de la culture hittite.

L'un des éléments les plus intrigants de Hattusa est la présence de milliers de tablettes d'argile gravées de textes cunéiformes. Ces tablettes, découvertes dans les archives anciennes, contiennent des informations précieuses sur la langue hittite, les lois, les rituels religieux et la correspondance politique. La traduction de ces anciens textes a largement contribué à notre compréhension de la civilisation hittite.

Immergez-vous dans les mystères anciens de Hattusa en vous promenant dans ses rues tranquilles, en imaginant la vie de ses habitants et en méditant sur les secrets qui se cachent sous la terre.

9.3. Göbekli Tepe : Le plus ancien temple au monde

Situé secrètement dans la région du sud-est de la Turquie, Göbekli Tepe est l'une des découvertes archéologiques les plus exceptionnelles de notre temps. Datant d'environ 9600 avant J.-C., ce site ancien est antérieur à Stonehenge et aux pyramides égyptiennes, ce qui en fait le complexe de temple le plus ancien du monde.

Les fouilles à Göbekli Tepe ont révélé une collection fascinante de structures gigantesques, composées d'énormes piliers en forme de T finement sculptés avec des reliefs d'animaux. Certains de ces piliers mesurent jusqu'à 5,5 mètres (18 pieds) de haut et étaient disposés avec soin dans des enceintes circulaires. La raison d'être de ce site remarquable demeure un mystère captivant, avec des hypothèses allant de rituels religieux à des rassemblements publics et des interactions sociales.

Ce qui distingue Göbekli Tepe, ce n'est pas seulement son âge, mais aussi le degré de raffinement démontré dans sa construction. Le site remet en question nos hypothèses sur les capacités des sociétés anciennes et suscite des questions fascinantes sur les origines de la civilisation.

Visiter Göbekli Tepe vous permet de remonter le temps et d'admirer les merveilles de ce sanctuaire antique. Plongez dans l'aura de mystère qui entoure le site, émerveillez-vous devant ses prouesses architecturales et méditez sur la profonde signification spirituelle qu'il avait pour ses constructeurs.

9.4. Découvrez le riche patrimoine de l'Est de la Turquie

L'Est de la Turquie est une région débordante de riche patrimoine et d'anciens merveilles, offrant une broderie de secrets orientaux prêts à être dévoilés. Du mystérieux Mont Nemrut aux anciennes ruines de Hattusa en passant par le remarquable Göbekli Tepe, cette région est une mine d'or pour les amateurs d'histoire et les voyageurs avides d'aventure.

En parcourant les paysages accidentés de l'Est de la Turquie, vous découvrirez des traces d'innombrables civilisations qui ont marqué leur époque au fil des siècles. Des Assyriens et des Perses aux Romains et aux Byzantins, cette région a vu l'ascension et la chute d'empires, chacun contribuant à sa riche tapisserie culturelle diversifiée.

Au-delà des destinations populaires, l'Est de la Turquie est parsemé de perles archéologiques moins connues mais tout aussi captivantes. Des anciennes cités comme Ani, Mardin et Van offrent un aperçu du passé byzantin et arménien, avec leur architecture historique et leur importance historique.

De plus, le patrimoine culturel de l'Est de la Turquie s'étend au-delà de ses ruines antiques. La région se vante d'une broderie animée de traditions, comprenant des arts uniques, de la musique, de la danse et de la gastronomie. S'impliquer avec les communautés locales vous permettra de plonger davantage dans l'héritage vivant de la région et de ressentir la chaleur et l'hospitalité de son peuple.

Lancez-vous dans un voyage de découverte dans l'Est de la Turquie, où les secrets anciens et les traditions vivantes s'entrelacent pour offrir une compréhension profonde du riche patrimoine de la région et de la fascinante broderie des cultures orientales.

10

Au-delà du continent : îles turques et échappées côtières

10.1. Paradis idyllique : îles des Princes

Juste à une courte traversée en bateau de la ville animée d'Istanbul se trouve un archipel tranquille connu sous le nom des îles des Princes. Composant de neuf petites îles dans l'océan de Marmara, ce paradis idyllique offre une pause paisible loin de l'agitation du continent.

Les îles des Princes sont sans véhicule, permettant aux visiteurs d'explorer les beaux paysages et les charmants villages à pied, à vélo ou en calèche. Parmi les îles, Büyükada est la plus grande et la plus célèbre, avec de magnifiques villas, des forêts de pins et des plages immaculées. Promenez-vous le long des rues étroites, goûtez de délicieux poissons dans les restaurants en bord de mer ou détendez-vous simplement sur les plages de sable.

10.2. Trésors cachés, mais inestimables de la péninsule de Bodrum

Située sur la côte sud-ouest de la Turquie, la péninsule de Bodrum est célèbre pour ses superbes plages, ses eaux cristallines parfaitement claires et sa vie nocturne animée. Alors que la ville de Bodrum elle-même attire de nombreux visiteurs, la péninsule abrite également des trésors cachés prêts à être découverts.

Aventurez-vous au-delà de la ville principale pour découvrir des criques isolées et des plages préservées, comme Türkbükü et Bitez. Ces retraites paisibles en bord de mer offrent une ambiance sereine et l'occasion de se détendre au milieu de la beauté de la nature. Explorez d'anciennes ruines comme le tombeau d'Halicarnasse, l'une des Sept Merveilles du monde antique, ou visitez de charmants villages de pêcheurs comme Gümüşlük, où vous pourrez déguster du poisson frais tout en profitant de vues spectaculaires sur le coucher de soleil.

10.3. Perles Côtières : Fethiye et Kas

Plus loin sur la côte turque éblouissante, vous découvrirez deux perles en bord de mer : Fethiye et Kas. Ces villes séduisantes sont nichées dans de superbes paysages naturels et offrent un mélange parfait d'histoire, de culture et de beauté naturelle.

Fethiye est connue pour son lagon turquoise, Ölüdeniz, entouré de falaises spectaculaires et refuge pour les parapentistes. Explorez les anciennes ruines lyciennes, dont les tombes taillées dans la pierre de la Tombe Royale des Rois et le village fantôme intéressant de Kayaköy. Ne manquez pas l'occasion de faire une croisière autour des 12 îles voisines, où vous pourrez nager dans des criques isolées et faire de la plongée en apnée dans des eaux cristallines magnifiquement claires.

Kas, quant à elle, ensorcelle les visiteurs avec son charmant port, ses ruelles étroites et son architecture d'influence grecque. Partez pour une excursion en bateau vers la ville encaissée de Kekova, où vous pourrez observer les vestiges d'une ancienne civilisation sous les eaux turquoise. Randonnez le long du Chemin Lycien, l'un des meilleurs sentiers de randonnée au monde, ou détendez-vous simplement sur les plages de pierre et imprégnez-vous de l'ambiance décontractée.

10.4. Explorer les Diverses Îles Turques

La Turquie abrite une diversité d'îles, chacune avec sa propre personnalité unique et ses attractions. De l'effervescence cosmopolite animée de Bodrum à la tranquillité paisible des Îles des Princes, il y a une île pour satisfaire les goûts de chaque voyageur.

Pour les amateurs d'histoire, une visite à Bozcaada est incontournable. Cette petite île dans la mer Égée abrite un château médiéval très bien préservé et des maisons de pierre charmantes, créant une ambiance évocatrice d'une époque passée.

Les amateurs de vin apprécieront également les vignobles de l'île, où vous pourrez déguster des vins locaux et profiter de vues magnifiques sur la mer environnante.

Si vous recherchez une expérience hors des sentiers battus, dirigez-vous vers Gökçeada. Ce joyau moins connu dans le nord de la mer Égée offre des plages préservées, des moulins à vent pittoresques et un mode de vie traditionnel. Explorez la biodiversité riche de l'île dans la luxuriante forêt d'Aydıncık ou dégustez du poisson frais dans les charmants restaurants locaux.

Que vous recherchiez une escapade paisible en bord de mer, une exploration historique ou une aventure en pleine nature, les îles turques et les échappées côtières offrent une multitude d'options. Découvrez la beauté et le charme qui se trouvent au-delà du continent et créez des souvenirs uniques dans ces destinations charmantes.

11

Gastronomie Turque et Aventures Culinaire

11.1. Délicieux Loukoums Turcs

En ce qui concerne la gastronomie turque, on ne peut pas ignorer les superbes loukoums turcs. Ces douceurs, connues sous le nom de "lokum" en turc, ont acquis une renommée mondiale pour leur texture et leurs saveurs uniques. Fabriqués avec des ingrédients tels que du sucre, de la fécule de maïs et divers arômes comme la rose, le citron ou la pistache, les loukoums turcs offrent une explosion de douceur à chaque bouchée.

L'histoire des loukoums turcs remonte à des siècles, commençant dans l'Empire ottoman. Aujourd'hui, ils sont dégustés en tant que dessert traditionnel et sont souvent servis aux côtés du thé turc. La pâtisserie propose de nombreuses saveurs, variétés et formes, en faisant ainsi un choix préféré aussi bien pour les locaux que pour les touristes.

11.2. Plats Emblématiques et Spécialités Régionales

La cuisine turque est renommée pour sa grande variété de plats emblématiques et de spécialités régionales. Des kebabs savoureux aux bons ragoûts et délicieux desserts, il y a quelque chose pour satisfaire chaque palais.

Un des plats les plus célèbres est le "kebab", qui se présente sous différentes formes telles que le kebab d'Adana, le döner kebab et le shish kebab. Ces délicieux plats de viande sont souvent grillés et servis avec du riz ou du pain.

Une autre spécialité appréciée est le "pide", une sorte de pain plat turc garni de différents ingrédients tels que du fromage, de la viande ou des légumes. Le pide est souvent apprécié en tant que repas rapide et délicieux, notamment lors des rassemblements sociaux ou des célébrations.

Outre ces plats principaux, chaque région de Turquie a ses propres spécialités uniques. Par exemple, la région de la Mer Noire est connue pour ses plats de poisson et de pain de maïs, tandis que la région du sud-est est célèbre pour ses kebabs épicés et le baklava.

11.3. Culture Traditionnelle du Thé et du Café

La culture turque est profondément imbriquée avec sa culture traditionnelle du thé et du café. Le thé, ou "çay" en turc, occupe une place spéciale dans le cœur des Turcs et est consommé tout au long de la journée. Servi dans de petits verres en forme de tulipe, le thé turc est fort et délicieux, souvent accompagné d'un morceau de sucre ou d'une tranche de citron.

Le café, quant à lui, a une longue histoire en Turquie et est préparé selon une méthode unique. Les grains de café finement moulus sont bouillis dans une casserole spéciale appelée "cezve" et servis dans de petites tasses. Le café turc est riche et aromatique, et on l'apprécie souvent après un repas ou lors de rassemblements festifs.

Le thé et le café jouent tous deux un rôle important dans l'hospitalité turque. Les invités sont souvent accueillis avec du thé ou du café en signe d'amitié et de chaleur.

11.4. Ateliers Culinaires et Marchés Alimentaires

Pour ceux qui souhaitent approfondir leur connaissance de la gastronomie turque, les ateliers culinaires et les marchés alimentaires offrent une excellente opportunité de découvrir le riche patrimoine culinaire du pays.

Les ateliers culinaires proposent des expériences pratiques où les participants peuvent apprendre les techniques de cuisine traditionnelles et préparer des plats turcs authentiques sous la direction d'enseignants qualifiés. Ces ateliers couvrent de nombreux sujets, de la fabrication du pain à la maîtrise des mezzés turcs (hors-d'œuvre).

Les marchés alimentaires, tels que le célèbre marché Zest à Istanbul ou les marchés fermiers locaux, sont un paradis pour les amateurs de cuisine. Ces marchés animés regorgent d'une grande variété de produits frais, d'épices, de fromages et de desserts. Explorer les étals animés et interagir avec les vendeurs est une excellente façon de découvrir les différentes saveurs et ingrédients de la cuisine turque.

Que vous choisissiez de déguster des loukoums turcs, de savourer des plats emblématiques, de vous immerger dans la culture du thé et du café, ou d'explorer les ateliers culinaires et les marchés alimentaires, la gastronomie turque vous promet une expérience culinaire merveilleuse et mémorable.

12

Conseils pratiques pour un voyage mémorable

12.1. Meilleure période pour visiter la Turquie

Choisir le moment idéal pour visiter la Turquie peut grandement améliorer votre expérience de voyage. Le pays offre une gamme variée d'environnements et de paysages, il est donc essentiel de tenir compte de vos préférences et des activités auxquelles vous prévoyez de participer pendant votre séjour.

Pour les régions côtières comme l'Égée et la Méditerranée, la meilleure période pour visiter est au printemps (d'avril à juin) ou en automne (de septembre à octobre). Le climat pendant ces saisons est doux, et vous pouvez profiter de températures agréables pour des activités telles que la baignade, les bains de soleil et l'exploration de sites historiques.

Si vous prévoyez de visiter les villes animées d'Istanbul ou d'Ankara, les périodes intermédiaires du printemps et de l'automne sont également excellentes. Les mois d'été peuvent être très chauds et encombrés dans ces zones métropolitaines, donc visiter pendant les mois plus doux peut rendre vos visites plus agréables.

Pour ceux qui s'intéressent à l'exploration des paysages uniques de la Cappadoce ou des régions orientales de la Turquie, la meilleure période pour visiter est également au printemps ou en automne. Le climat pendant ces saisons est généralement propice aux activités de plein air telles que la randonnée, les montgolfières et les visites touristiques.

Cependant, si vous êtes spécifiquement intéressé par les sports d'hiver ou le ski, les mois d'hiver (de décembre à février) sont le meilleur moment pour visiter des régions montagneuses célèbres comme Uludağ ou Palandöken.

12.2. Considérations culturelles

Lors de votre visite en Turquie, il est important de respecter les traditions culturelles et les règles de bienséance pour garantir un voyage respectueux et mémorable. Voici quelques conseils utiles :

S'habiller modestement : La Turquie est un pays majoritairement musulman, et il est respectueux de s'habiller modestement, surtout lors de la visite de sites religieux. Tous les visiteurs doivent éviter de porter des vêtements révélateurs ou serrés.

Salutations et respect : Les Turcs sont connus pour leur chaleureuse hospitalité. Lorsque vous rencontrez des habitants, une poignée de main ferme et un sourire amical sont des salutations courantes. Utilisez un langage respectueux et adressez-vous aux gens par leur titre (par exemple, "Bey" pour les hommes et "Hanım" pour les femmes).

Traditions religieuses : Lors de la visite de mosquées, enlevez vos chaussures avant d'entrer et habillez-vous de manière appropriée, les femmes couvrant leur tête si nécessaire. Soyez conscient des heures de prière et évitez les conversations bruyantes ou la photographie pendant la prière.

Bonnes manières à table : Lorsque vous mangez dans des restaurants ou des maisons, attendez que l'hôte commence à manger avant de commencer vous-même. Utilisez des couverts à moins que le repas ne soit traditionnellement mangé avec les mains. Ne posez pas les coudes sur la table pendant le repas.

Démonstrations publiques d'affection : Il est préférable d'éviter les démonstrations excessives d'affection en public, car cela pourrait être considéré comme inapproprié dans certains contextes.

Langue : Apprendre quelques expressions de base en turc, telles que des salutations et des phrases simples, peut vous aider à établir des liens et à mieux vous intégrer auprès des habitants.

En étant conscient de ces considérations culturelles, vous

pourrez favoriser des interactions positives, établir des liens significatifs et vous assurer un voyage mémorable et respectueux à travers la Turquie.

Printed in France by Amazon
Brétigny-sur-Orge, FR

20368922R00057